毎日可愛くなれる

『メイクのヒント』

Hair & Make-up Artist

千吉良 恵子
KEIKO CHIGIRA

INTRO

メイクのバリエーションを増やせば、

キレイのバリエーションも広がります。

毎日メイクを楽しんで、もっと素敵に、

もっともっとハッピーになりましょう。

KEIKO CHIGIRA

はじめに

「私にはこの色しか似合わない」
「顔立ちが違うから、このテクニックは使えない」
そんなふうに自分で自分のメイクに制限をかけている人
と出会った時、いつも思うことがあります。固定観念を
解放し、単純に「もっとメイクを楽しんでほしい！」と。

私は、メイクはボーダレスだと考えています。
目鼻立ちといったパーツ、肌の質感、あるいは年齢。
女性がとらわれがちな要素は、コスメの色や質が
進化した今、案外、無力です。むしろ、
悩ましく感じていることを取り払うパワーを抱いている。
どんな人の願いにも応える、それこそメイクの本領。

可愛さ、美しさ、色っぽさ——。
メイクで演出したいイメージは、人それぞれでしょう。
だけど私は、できることなら一人一人の女性に
数多の印象を叶えるテクニックを持っていてもらいたい。
メイクの数だけ、キレイの幅が広がるからです。
その事実を体感してほしくて、この本の中に
誰にでもあてはまる、どんな人にも効く
「メイクのヒント」を、ぎゅっと詰め込みました。

新たに撮影したとっておきのメイクに加え、
美容雑誌『VOCE』に掲載された過去３年間の作品から、
日常に起こり得る、さまざまなシチュエーションに
適応するメイクをセレクトしています。
いずれも、ポイントを絞った最低限のテクニックで、
好きな顔にアレンジできるものばかり。
お悩みに対する解決策も見つかります。

どのページを開いても載っているメイクのヒントは
１ヵ月分＋α。毎日、顔を変えられる数があります。
初めから順番に挑戦していただいてもいいですし、
テーマで選んでいただいてもいい。
メイクのイメージが湧かない日は、目をつぶって
パッと開いたページの顔を試してみるのも手。
メイクに秘められたメッセージを読み解くような、
占いみたいな使い方って、ワクワクしませんか？

メイクに対する感じ方は、その日の気分や
コンディションで違うと思います。顔の見え方にも、
微差があるでしょう。だからこそ、ひとつに固執せず、
いろんなメイクにチャレンジしてみてください。
今まで苦手意識のあった赤のルージュが、
定番カラーより似合うことに気づいてときめいたり、
気持ちまで高揚する瞬間が、きっとあるはずです。

顔を変えて見せるだけでなく、気分もあげられる。
この一冊が、そんなメイクの楽しみを知る
きっかけになれば、このうえなく嬉しいです。

CONTENTS

MAKE-UP ITEM   **EYE:** クワッドアイシャドー 3972 ¥5800／NARS JAPAN（ECサイトのみの販売） スナップスカラ 01 ¥1200／メイベリン ニューヨーク **CHEEK:** ブラッシュ カラー インフュージョン チャイ ¥3200／ローラ メルシエ ジャパン **LIP:** リュクス マット リップ カラー 20 ¥4200／ボビイ ブラウン

はじめに ———————————————————————————— 4

Part 1 メイクを味方につけたい日 10

Theme 01 昼デート ———————————————————— 12
02 夜デート ———————————————————— 14
03 おうちデート ———————————————— 16
04 合コン ———————————————————— 18
05 いつもの仕事 ———————————————— 20
06 プレゼン ———————————————————— 22
07 出張 ———————————————————————— 24

COLUMN **01** [コラム1] ベースのヒント ———————— 26

Part 2 このアイテムを使いこなす 32

Theme 01 赤リップ ———————————————————— 34
02 定番ブラウンシャドウ ———————— 36
03 パステルシャドウ ———————————— 38
04 下まぶたメイク ———————————— 40
05 カラーライナー ———————————— 42
06 キラキラアイテム ———————————— 44

COLUMN **02** [コラム2] チークのヒント ———————— 46
基本のチーク 48／可愛めチーク 50／大人めチーク 52

CONTENTS

Part 3 こんなメイクが知りたい! 54

Theme 01	おめかし感を出したい	56
02	すっぴん風に見せたい	58
03	インスタ映えを狙いたい	60
04	まとめ髪にしたい	62
05	前髪を切った時	64
06	元気がない時	66
07	顔色が悪くて、くすんでいる	68
08	朝、むくんだ顔をすっきり見せたい	70
09	肌がパサついてツヤがない時	72
10	クマが出た!	74
11	暑い日のメイク	76
12	リゾートメイク	78

COLUMN 03 [コラム 3] メイクの裏ワザ ———— 80

Part 4 こんなファッションに合わせたい! 86

Theme 01	メガネの日	88
02	サングラスの日	90
03	帽子(つばあり)の日	92
04	帽子(つばなし)の日	94
05	白T × デニムの日	96

COLUMN 04 [コラム 4] 千吉良恵子の最愛コスメ ———— 98

おわりに ———— 106
クレジット ———— 108

Part 1

メイクを
味方に
つけたい日

メイクには、見た目を変えるだけでなく、マインドまで変える無限の力があります。その効果をわかりやすくお伝えするために、この章では日常によく起こるシチュエーションを想定。私が今まで接点を持ってきた読者の方々の声をもとに、それぞれの状況で「こう見られたい」と思う女性の心理の味方になるメイクを提案しています。実は「こう見られたい」というふうに目的やターゲットがはっきり定まっていると、仕上がりの着地点が絞り込まれ、より変身しやすくなるというメリットがあります。まさに、メイクの本領発揮です。なりたい自分への変化、そこから生まれるであろう嬉しい余波を存分に味わってください。

いつもの仕事／page 20

Theme 01

彼をドキドキさせたい!

昼デート

男性は、メイク度の高い顔が苦手。とくに色や質感を際立たせる自然光はメイク感を露にしがちなので、昼デートには肌とうまく溶け合う柔らかな暖色でナチュラルに、スイートに。あからさまではなく、恋する想いを"感じさせる"まなざしで、彼のハートを高鳴らせて。

メイクのヒント 温かみのある甘い目もと

KEY ITEM! 黄みピンクシャドウ&ブラウンライナー

Part 1 メイクを味方につけたい日

How to?

上下まぶたにピンクをまとって、優しげで柔らかな潤んだ瞳に

目もとって、黄み系の暖色を入れると途端にスイートになるんです。その効果を、上まぶたのアイホールにのせるAのサーモンピンクで。下まぶたはBのラメ感の強いピンクをなじませて涙袋を強調し、恋して潤んだような印象に。このメイクは、甘さをマイナスするエッジを立たせないのがポイントなので、目のキワも茶のライナーCで優しく引き締めて。

繊細な輝きで立体感が出る目もとがぼやけない暖色

指で塗ってもキレイになじむしなやかなテクスチャーで、まぶたにしっとりフィット。マキアージュ アイカラー N(パウダー) PK451 ¥800(編集部調べ)/資生堂

KEY ITEM! A

KEY ITEM! C

ソフトな引き締め効果を発揮する、優秀ブラウン

ピンクシャドウとも自然になじむライトブラウンを、上まぶたのまつ毛ギワに。描きやすくにじみにくい。シュアネス アイライナーペンシル 01 ¥2800/セルヴォーク

B KEY ITEM!

涙袋をかすかにぷくっと見せる透け感のあるピンク

バームのツヤ感で、目もとが自然と潤んだように。ヨレにくいところも優秀。インテグレート トゥインクルバームアイズ PK483 ¥980(編集部調べ)/資生堂

12

OTHER ITEM — **EYE:** ケイト ラッシュフォーマー（ロング）BK-1 ¥1400（編集部調べ）／カネボウ化粧品　**CHEEK:** ミニ プレスト チークカラー 10 ¥2500／レ・メルヴェイユーズ ラデュレ　**LIP:** ケイト CCリップクリームN（カモフラ）01 ¥400（編集部調べ）／カネボウ化粧品

Theme 02
可愛いなって思わせたい♡
夜デート

狙うのは"彼だけに見せている"と思わせる、甘ったれた顔。男性は自分しか知らない表情に触れるとキュンとするものだから、そのムードをタレ目風の目もとで。まぶたをほんのり高揚させ、ちょっと酔ったような隙のある可愛さを漂わせれば、今夜のデートは大成功！

メイクのヒント タレ目風の熱っぽい瞳

KEY ITEM! 照明に映える、光と影を操るシャドウ

Part 1 メイクを味方につけたい日

How to?
下まぶたの目尻に入れるコーラルシャドウで、隙のある可愛さを

高揚感を演出する右上のコーラルオレンジを上まぶたのアイホールに。同色を下まぶたの目尻側1/3にも入れてつくるタレ目感は、上から照明があたるとシャドウをのせたところが影になって深みが発生。うつむいた時や上目遣いなど、あらゆる表情が可愛く！　左上のパールピンクを目頭側にプラスし、潤み感を出して、酔った時のような熱っぽさを底上げ。

KEY ITEM!

**メイク感が出すぎない
透ける発色も彼好み♡**

さりげなく目もとの雰囲気を変える、透明感のある色づき。上質な輝きで白目がクリアに見えるのも魅力。ルナソル スパークリングアイズ 02 ¥5000／カネボウ化粧品

 OTHER ITEM **EYE:** インテグレート スナイプジェルライナー BR620 ¥950（編集部調べ）／資生堂、ケイト ラッシュフォーマー（ロング）BK-1 ¥1400（編集部調べ）／カネボウ化粧品　**CHEEK:** クリーム ブラッシュ PK852 ¥3500／コスメデコルテ　**LIP:** インテグレート ボリュームバームリップ N RS788 ¥1200（編集部調べ）／資生堂

Theme 03

距離をグッと縮めたい!
おうちデート

二人きりの空間では、素の自分を感じさせる生っぽさが大事。メイクしているふうではなく、ドキドキしてポッとにじみ出たような頬の赤みや唇のピュアな色素といった、自分の持っている素材をメイクで美しく活かして。そばでも自然に見えるから、グッと接近してもOK♡

メイクのヒント 素材を引き立てる血色感

KEY ITEM! 肌と一体化するチークと粘膜系リップ

Part 1 メイクを味方につけたい日

How to?
幼さを漂わせる低めチークと、ふんわり唇で触れたくさせる

男性の心に可愛く響くあどけなさを出すために、チークBは重心をやや下に。もっとも濃く発色させたい小鼻脇の黒目の延長線上にあたる位置を起点に、頬骨に沿って楕円状になじませてちょっと幼さを。リップAは輪郭をきちんと取るとメイク感が出てしまうので、中央から全体にラフに塗り広げて。唇の丸みが活きて、彼がタッチしたくなる柔らかな印象に。

A KEY ITEM!
キレイなピンクの
素唇みたいに色づくリップ

唇をほのかに透かせながらピュアに染めるピンク。唇がみずみずしく潤って見えるのもラブ対応。キッカ メスメリック リップスティック 34 ¥3800／カネボウ化粧品

KEY ITEM! B
内側からの血色感が
演出できる、しっとりチーク

パウダーなのにしっとりなじんで、ポッと湧き出たような血色感が。ハリを出して美肌に見せるパール入り。ブラッシュチュール 9 ¥6000／イヴ・サンローラン・ボーテ

OTHER ITEM   EYE: ケイト ヴィンテージモードアイズ BR-2 ¥1200（編集部調べ）／カネボウ化粧品

Theme 04

狙った異性を射止めたい!

合コン

異性へのアプローチは必要だけど、同席の女子にあざといと思われるのはNGだから、メイクは知性を意識してちょっとクールな美人顔に。笑うとギャップで可愛く。酔ってくると血色感が加わって、帰宅する頃いちばん男性好みの顔になるのも、また会いたくさせる計算!

メイクのヒント 平行ぎみにつくる美人眉

KEY ITEM! クールなオリーブ系アイブロウパウダー

Part 1 メイクを味方につけたい日

How to?

オリーブで眉全体を色づけて、目もとの透明感も手に入れる

知性を漂わせる眉に使うのは、上から2色目のオリーブ。まず、眉頭より5mm程度入ったところから眉尻まで、眉の下側をなぞります。眉山がシャープな人は、山の下をちょっと埋める感じにしてフォルムを平行ぎみに。その後、再度ブラシに色を取って根元から上向きに眉全体に色をのせれば、透明感を出すオリーブの色の効果で目もとにピュアな明るさも。

KEY ITEM!

染めたように仕上がる、美発色のパウダータイプ

眉毛に密着。ふんわりとした立体感がつくれてナチュラルに仕上がる。ヴィセ リシェ カラーリング アイブロウパウダー BR-3 ¥1200(編集部調べ)／コーセー

 EYE: スモール アイシャドウ サンプチュアス オリーブ ¥2500／M·A·C、ケイト ソフトブラックライナー BK ¥800（編集部調べ）／カネボウ化粧品　**LIP:** エレガンス リクイッド ルージュ ビジュー 07 ¥3500／エレガンス コスメティックス

Theme 05

信頼できると思わせたい

いつもの仕事

年齢も立場も異なる人に会うオフィスに最適なのは、誰が見ても、どこに行っても好かれる顔。清潔感があるのは大前提。そのうえで美人だけど親しみやすく、何でも相談できて頼りになりそうな雰囲気を、いい意味でコンサバ感のあるベーシックなメイクで表現しましょう。

メイクのヒント 万人うけするコンサバ目

KEY ITEM! 自然な立体感を生み出すアイシャドウ

Part 1 メイクを味方につけたい日

How to?

目のキワをキリッと引き締めて。
下まぶたはノーメイクで清潔感を

オフィスでは、仕事に真摯な気持ちを表すキリッとした印象をつくることも大事。ポイントは目のキワ。上まぶたのアイホールに左下のベージュをのばし、キワに黒ライナーを。右下のブラウンを重ねづけし、狭い範囲でさりげなく陰影をつけて。上から蛍光灯で照らされるオフィスは目の下に影が出やすいから、それを目立たせる下まぶたはノーメイクに。

KEY ITEM!

華美にならずにきちんと感が出るのが仕事向き！

まぶたにすんなりなじむ色、微細な輝き、フィット感の高さがオフィス仕様のコンサバメイクにぴったり。ルナソル スパークリングアイズ 02 ¥5000／カネボウ化粧品

20

 OTHER ITEM   **EYE:** マジョリカ マジョルカ ジェルリキッドライナー BK999 ¥950／資生堂、ケイト ラッシュフォーマー(ロング) BK-1 ¥1400(編集部調べ)／カネボウ化粧品、ノーズ&アイブロウパウダー 02 ¥580／セザンヌ化粧品   **CHEEK:** クリーム ブラッシュ PK852 ¥3500／コスメデコルテ   **LIP:** エスプリーク ルージュグラッセ BE300 ¥2300(編集部調べ)／コーセー

Theme 06

強い意志を感じさせたい!

プレゼン

多くの人に見られるシチュエーションでは、すべての人の視線を集中させる"引きの目ヂカラ"が必要。さらに、仕事モードのできる女の顔になる、内側にきゅっと寄った求心的な印象をつくれば、発する言葉に説得力を持たせることができて、きっと結果がついてくる!

メイクのヒント 吸引力の強い目ヂカラ

KEY ITEM! 高発色のアイブロウ&アイライナー

Part 1 メイクを味方につけたい日

page20
「いつもの仕事」
メイクの
アレンジ

How to?

眉頭の下を強めに描いて、顔を求心的に。きちんと感もプラス

眉頭の下にAの真ん中を。同色を眉の中央から眉頭まで直線でつなぐように入れたら、右のダークブラウンを中央から眉尻までに。眉の下のラインを取ってエッジを出すことで、きちんと感を演出。上まつ毛ギワにBを入れてつくり出す目ヂカラをさらに高めるために、普段はしない下まぶたメイクも投入! Aの右をアイライン的に下まぶたのキワに。

KEY ITEM! B
基本の目ヂカラは
黒々と発色する
リキッドタイプで

思い通りに描ける筆のしなり具合が絶妙。ムラなく描けて、色持ちも抜群のウォータープルーフ処方。マジョリカ マジョルカ ジェルリキッドライナー BK999 ¥950／資生堂

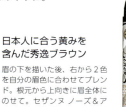

A KEY ITEM! 日本人に合う黄みを
含んだ秀逸ブラウン

眉の下を描いた後、右から2色を自分の眉色に合わせてブレンド。根元から上向きに眉全体にのせて。セザンヌ ノーズ&アイブロウパウダー 02 ¥580／セザンヌ化粧品

Theme 07

まかせられると思わせたい

出張

クライアントと接触する出張時に目指すべきは"この子だったら仕事をまかせられる"と認定される、頼りになる印象。仕事なので目ヂカラやきちんと感は欲しいけど、あまりメイク直しをする時間もないだろうから、ミニマムにエッジを利かせるメイクを味方につけて。

メイクのヒント きちんと感が出る目と唇

KEY ITEM! キワ締めアイライナー＆潤いが続くリップ

Part 1 メイクを味方につけたい日

page20 「いつもの仕事」メイクのアレンジ

How to?

目のフレームラインをくっきり。
ピンクの唇で女らしさも少しだけ

ノーシャドウの上まぶたのキワにAを極細で。さらに、まつ毛の間を点でつなぐように埋め込むと、目を開けた時にきっちりフレームラインが際立って目ヂカラが実現。ベースの段階でルースパウダーorパウダリーファンデでサラッとさせておくと、ラインが引きやすく落ちにくい。多忙な時でも女らしさは忘れたくないから、唇はBのピンクでみずみずしく。

KEY ITEM! A
目ヂカラを引き上げる
ツヤ系リキッドライナー

フレームラインを引き立てながら瞳を輝かせ、目もとの存在感をさりげなく高めるツヤ漆黒。マジョリカ マジョルカ ジェルリキッドライナー BK999 ¥950／資生堂

KEY ITEM! B
ゴールドのキラメキを
抱いたミルキーピンク

肌になじむベージュニュアンスのピンクを唇全体に。10種の植物オイル配合で、うるうるの唇が持続。エスプリーク ルージュグラッセ BE300 ¥2300（編集部調べ）／コーセー

ベースのヒント

ツヤの偉大な力を操って、美しい素肌のように

　もともと素肌が美しいかのように見せられたら、ベースメイクは大成功です。そのために、ぜひとも心掛けてほしいことがあります。肌のネガティブな要素を隠すのではなく、よいところを活かしてマイナス面を飛ばしてしまおうという、ポジティブありきの意識です。実はこれこそ、千吉良メイクの真骨頂。カギは、ツヤ。私は何より、肌におけるツヤの果てしない力を確信しています。ファンデーションを徹底的になじませて、肌に備わったツヤに見せることは大前提。そのうえで大切にしているのが、頬骨の角に添えるハイライトのツヤです。顔と一緒にツヤが動くこの場所は、いわば"美肌のツボ"。ほんの10cm程度のスペースなのに、あちこちカバーしなくても気になるトラブルが払拭されたように目くらましでき、透明感が溢れるうえ、ぷるっと潤った肌にも見せられます。肌づくりに必要不可欠なイキイキとした生命力が生まれることで、私がもっとも大事にしている"本人の魅力が透けて出ているような生っぽく美しい肌"が叶うのです。その真実を知っていただきたく、私のベースメイクを象徴するナチュラル肌のテクニックを、撮影に必須の"永遠の一軍コスメ"とともにご紹介します。

Part 1　メイクを味方につけたい日

COLUMN / 01 Base Make-up

Part 1 メイクを味方につけたい日

COLUMN / 01

BEFORE

STEP 1

微細パール入りの下地で凹凸を飛ばし、肌の"面"を整えます

パール粒大の下地を両頬とおでこにのせ、体温によってフィット感が高まる指を使って、肌の内側から外側へ塗り広げます。最後に、指に残ったぶんをまぶたの上や目のキワ、小鼻脇にくまなくなじませて。

潤いのあるツヤが出て、毛穴や凹凸がつるん！ メイクノリが劇的にUP。ヌーディーヴェール 20g ¥4700／ビーグレン

STEP 4

頬まわりをスポンジでパッティングし、ファンデーションの浸透をあげて透明感UP

肌の印象を左右するのは、顔の中心部分。ここをキレイにしておくと、美肌に見えます。その効果を狙って、何もついていないスポンジで頬まわりをパッティング。ポンポンポンと軽く叩き込むようにしてファンデーションの浸透をあげて、美肌見せに不可欠な透明感を高めます。

STEP 5

フェイスラインは、ベースメイクをした部分と素肌の境目をスポンジでぼかして

ベースメイクの仕上がりをナチュラルに見せるためには、フェイスラインの処理が大切。ファンデーションと素肌がなじんでいないと、浮いているように見えて不自然になります。フェイスラインに沿って内側から外側へスポンジを軽く滑らせて、素肌との境目をぼかしましょう。

STEP 2

頬まわりに塗るピンクの下地で、くすみを払って血色感の下準備

半端なく透明感が出るピンク下地をパール粒大取って、チークを塗るところよりふた回り程度大きく塗り広げます。血色感の下準備をするこのひと手間で、どうにもならないと思うほどくすんだ肌も、確実にトーンアップ。

青みが強めのピンク。イエベをブルべに変えたい人にもおすすめ。ブルーミング グロウ プライマー 25ml ¥6000／SUQQU

STEP 3

ファンデーションは肌の広い面から、各部位ごとに塗り広げて

ファンデーションが乾かないよう、各部位ごとにのせて、のばすを繰り返します。片側の頬、逆側の頬、おでこというように、肌の広い面から順番に、指を使って内側から外側へ塗り広げましょう。

湿度っぽいツヤ感が最高。ナチュラル美肌づくりの鉄板。スティーミング スキン 30ml ¥6000／エレガンス コスメティックス

Base Make-up

STEP 6

テカリに見えるところのツヤはフェイスパウダーで優しくオフ

テカリとツヤは紙一重。皮脂分泌が活発なところの過剰なツヤは、テカリに見えてしまうので、フェイスパウダーで抑えましょう。まずは、小鼻脇。細かい部位なので、2つに折ったパフの先を使って、優しく抑え込んで。

パフにパウダーを含ませたら揉んで、肌にのせる量を調整。リサージ ポーテ ビューティアップヴェイル 輝 ¥10000／カネボウ化粧品

STEP 7

おでこは、真ん中を中心に全体的にオフ。アゴも抑えておくと品よく見えます

フェイスパウダーを含ませたパフで、もっともテカって見えやすいおでこの真ん中を抑えてツヤをコントロール。その後、おでこの丸みに沿って左右に広げ、全体的にソフトマットな質感に仕上げます。広げる時は手の力を抜いて、優しく滑らせるようにしましょう。

STEP 8

皮脂でヨレやすい目の下にもプラス。コンシーラーを自然に見せるのにもひと役！

意外と皮脂が出やすい目の下は、2つに折ったパフの先でひとなでします。ここをサラサラにしておくと、アイシャドウやマスカラの付着が防げて、メイク持ちが向上。コンシーラーでクマをカバーした際も、パウダーのヴェールによって目もと全体の質感が揃うのでナチュラルに。

STEP 9

3D効果を出すツヤのハイライトで、立体感と生命力のある肌に

頬骨の角のカーブに合わせて、黒目の外側の延長線上あたりから、チョンチョンチョンとハイライトを3点のせ、指で内側から外側へぼかします。立体感と生命力が一気に生まれ、美肌度が格段に上昇。

使用色はこちら！

01 上・使用色のピンク。タン・クチュール・ラディアント・ドロップ 01、下・ツヤを強めたい時に。同 02 15㎖ 各¥6300／パルファム ジバンシイ

02

Part 1　メイクを味方につけたい日

ベースメイク *Make-up Skills!* 3 つのコツ

Skill 1　毛穴やシワなど**表面に凹凸を出す**マイナス要素は下地でつくる**光とツヤのトリック**でレスポンス

Skill 2　のばす時は"**指**"。なじませるのは"**スポンジ**"。**指とツールをうまく使い分ける**と完成度がアップ

Skill 3　厚みが出ると違和感が生じる**フェイスライン**はできるだけ薄く、**素肌との境界線**をなくすこと

COLUMN / **01** Base Make-up

+α TECHNIQUE クマを隠したい！

クマカバーはコンシーラーの役目ですが、クマのある部分だけに重ねると、そこだけ異質な感じになるので逆に悪目立ちしやすく本末転倒。まずはもっとも隠したい、肌が沈んでいるぶん暗くなりがちな涙袋の線に沿ってコンシーラーをオン。その後、クマより広範囲にのばしてベースの肌となじませましょう。

固すぎず柔らかすぎない感触がパーフェクト。シミ、ニキビにも対応。ソフトマットコンプリートコンシーラー 1278 ￥3400／NARS JAPAN

ちょっと顔色が悪い時も、目の下にコレをつけるだけで全然違う！タンイドル ウルトラ ウェア コンシーラー 02 ￥4200／ランコム

1 ステップ5の後に、綿棒でコンシーラーを
コンシーラーの量を調節しやすい素材で、適量をつけられる綿棒を使用。先端にちょこっと取って、涙袋の外側の線に合わせて目頭から目尻まで、等間隔に点々と置きます。

2 目頭の下から放射状に指で塗り広げます
点状に置いたコンシーラーを目頭側からのばし、小鼻脇と眉尻を結んだ範囲内になじませます。仕上げたベースを指でこすり取らないよう、トントンと極軽のフェザータッチで。

3 ベースとの境目をスポンジでならして
何もついていないスポンジの先でトントンと、コンシーラーを塗ったところ全体を整えます。肌との境目をぼかすことに加え、素材に粘性があるぶん残りやすい指紋を消す目的も。

+α TECHNIQUE パウダリー派は？

ふんわりフォギーな仕上がりを損なわないステップでメイク！

最近はパウダリーでもツヤのある仕上がりが叶うようになっていますが、基本的にはソフトマットな質感で桃のようなふんわり肌になるのが粉モノの個性。その魅力を損なわないよう、リキッドやクリームなど異質なアイテムはパウダリーを塗る前に。コンシーラーを使う場合は、ステップ2の下地の後。ツヤをのせるステップ9のハイライトは省略しましょう。

Part 2

この
アイテムを
使いこなす

キラキラアイテム／page 44

「欲しくて買った色なのに、使いこなせなかった」「結局、いつものメイクに戻ってしまった」という人が意外と多いと聞きます。そこでここでは、挑戦してみたいけど手ごわそうと思われがちなアイテムを中心にピックアップ。使いこなすテクニックをご紹介します。キーアイテムを決めてメイクをする時、よりこなれ感をあげるポイントがあります。アイメイクを主役にする場合は、頬と唇を同じ系統の色にすること。たとえばチークをコーラルオレンジにし、リップをコーラルピンクにするという感じです。一方、リップが主役の時は、唇からメイクをスタート。目もとにのせる色やその濃さなどのバランスが取りやすくなって、トータルでの完成度があがります。

コラム2
可愛めチーク／
page 50

Theme 01

トレンドカラーをつけこなす

赤リップ

一見、難易度が高いと思われがちな赤リップ。気合を入れないと塗れないなんていう人もいるようだけど、ちょっと崩れかかったような、唇になじんだ発色をつくるグラデ塗りなら、気負いなくつけこなせるはず！ けだるくて、ものすごく色っぽい。そんな唇が叶います。

メイクのヒント グラデでつくる色っぽ唇

KEY ITEM! ヴェルヴェット質感のクラシカルな赤

Part 2 このアイテムを使いこなす

How to?

唇のけだるげな色気を目もとのスパイスで引き立てて

筆を使って唇全体にきちんと赤リップAを塗った後、何もついていない筆で唇のエッジをなぞって。キレイなエッジを保ったまま輪郭側へほわーっと消えていく自然なグラデがつくれて、メイクスキルの高さ＝つけこなしている感が。目もとは、上まぶた全体にパール入りモーヴBでスパイスを。下まぶたの目尻に赤のラメ入りブラウンCでけだるさをUP。

A KEY ITEM!
集まる視線を虜にする
特別感のある赤リップ

唇そのものが赤く色づいたような発色になる、ノンパールタイプ。誰にでもなじんで、今っぽい顔に。スティック ルージュ 01 ¥4000／レ・メルヴェイユーズ ラデュレ

KEY ITEM!
パールとラメが複雑に
絡み合うアイシャドウ

B多色パールを凝縮したスモーキーモーヴ。ダズルシャドウ シャイン デライト C目もとを締めつつ、けだるげな甘さを演出。同ドリーミー ビームス 各¥2900／M・A・C

OTHER ITEM　　CHEEK: チークカラー PK2 ¥1600／エテュセ

Theme
02

ワントーンで脱コンサバ!

定番ブラウンシャドウ

ブラウンのアイメイクは絶対みんながするものだからこそ、人とは違うワンランク上の印象を狙って、脱コンサバでありきたりの顔と差別化しましょう。目もとも頬も唇も、すべてのパーツをワントーンでまとめると、モード感が生まれるし、知的な女らしさもまとえます。

メイクのヒント 同系色のレイヤードメイク

KEY ITEM! マットシャドウ＆チークとツヤルージュ

Part 2 このアイテムを使いこなす

How to?

濃淡ブラウン6色を丁寧に重ねた目もとで、知性と色香を

上まぶたのキワから眉下までにBの左上のクリーム下地をのばし、その下のパールピンクを重ねづけ。左下のピンクベージュ系をアイホールにのせ、右下のダークブラウンを二重幅に。下まぶたは、目頭2/3に左下、目尻のキワに右下を入れ、その上のミディアムブラウンで外側をなぞったら、右上をプラスして、濃い色から淡い色への3色グラデに。

KEY ITEM! A

粘度のあるリッチなつやめきのコーラルベージュ系リップ

女っぽさを上昇させる、こっくりとしたツヤがたまらなくキレイ。クリーミィな質感で、唇がしっとり。カネボウ モイスチャールージュ 11 ¥3500／カネボウインターナショナルDiv.

KEY ITEM! B

レイヤードメイクになくてはならない贅沢なアイシャドウ

クリーム、シマー、マットと異なる質感の肌になじむ色が詰まった絶品パレット。ディオール バックステージ アイ パレット 001 ¥5500／パルファン・クリスチャン・ディオール

KEY ITEM! C

目の下に左上。左下をフェイスラインにのせてコントゥア

チークにも使用。右上と右下を2:1でブレンドし、頬の中心から輪郭側へ扇状に。ディオール バックステージ コントゥール パレット 001 ¥4600／パルファン・クリスチャン・ディオール

Theme
03

カラーメイクで遊びたい！

パステルシャドウ

いつものブラウンメイクのほかに持っていてほしいのが、パステルで遊ぶテクニック。とくに、まとうだけで自分を変えられる、別人みたいになれるグリーンは、オレンジやピンクともつながる万能色なので、華やかなリップやファッションと、ぜひ合わせてみてください。

メイクのヒント ワントーンで魅せるまぶた

KEY ITEM! 透明感が出る濃淡グリーン

Part 2 このアイテムを使いこなす

How to?

上まぶたに重ねるグリーンは、ノーグラデーションで遊び心を

いい意味で肌からちょっと浮いたように見えるブライトグリーンは、ファニーな可愛さを演出できる貴重色。その発色を楽しむため、グラデーションはつけず指でベタ塗りを。上まぶたのアイホールに左をのばし、まぶたのくすみを払った後、右を重ねて発色UP。ちなみに、パステルグリーンの目もとには、眉を描くと派手になるので、毛流れを整える程度に。

KEY ITEM!

目もとに軽さと
透明感が出る、
濃淡2色のグリーン

パステルカラーに不慣れでも難なく使いこなせる肌映え色。まぶたのくすみも払拭。インテグレート グレイシィ アイカラー グリーン181 ¥750（編集部調べ）／資生堂

OTHER ITEM　CHEEK: プレイリスト スキンエンハンシング フェースカラー PKb05 ¥3000（編集部調べ）／資生堂インターナショナル　LIP: マジョリカ マジョルカ ピュア・ピュア・キッス NEO PK405 ¥800／資生堂

Theme 04

ピュアなムードが欲しい

下まぶたメイク

印象づくりの大きな起点となるのが、下まぶた。上まぶたより顔の中心に近いぶん、人の目に留まりやすい部位なので、のせる色が持つ魅力が本人のイメージとして記憶されやすいのです。少女っぽさをかもし出すコーラルピンク系なら、一瞬でピュアさが手に入ります。

メイクのヒント 無垢さを出す幅広目尻

KEY ITEM! 補色の関係のブライトカラーシャドウ

Part 2 このアイテムを使いこなす

How to?

目尻で重点的に出すピュアさを上まぶたのグリーンで後押し！

ピュアだけど、華やかさも生まれるこのメイク。ポイントにする下まぶたには、**B**のコーラルピンク系を。ピュアさを仕掛ける効果が高い目尻側から黒目の内側に向けて、トントンと置くようにラフになじませて。その色を引き立てる補色のライトグリーン**A**を、上まぶたのアイホールに。3回重ねづけして発色を高め、色がもたらすフレッシュさをアップ。

KEY ITEM! A
目もとや肌のくすみを飛ばしてくれるパールグリーン

ピュアさを邪魔するくすみを排除する優秀色。軽やかに色づくシアー系の質感で、使いやすい。プレスド アイシャドー（レフィル）P 520 ¥2000、カスタム ケースI ¥500／シュウ ウエムラ

KEY ITEM! B
大人のピュアさの演出に最適なコーラルピンク

白みを含んだ色。「これしかない！」と思うほどスペシャルな色なので、チークをアイシャドウとして応用。ミニ プレスト チークカラー 04 ¥2500／レ・メルヴェイユーズ ラデュレ

OTHER ITEM　**EYE:** インテグレート マツイクガールズラッシュ（フェミニンボリューム）BK999 ¥1200（編集部調べ）／資生堂　**CHEEK:** ルースブラッシュ 02 ¥3800／ジルスチュアート ビューティ　**LIP:** クリニーク ポップ 01 ヌード ポップ ¥3200／クリニーク

Theme 05

アジアンビューティになりたい
カラーライナー

狭い範囲で色を効かせるカラーライナーは、気軽に表情を変えられる便利なアイテム。モスグリーンを使えば、情熱を内に秘めた奥ゆかしさで惑わせる、そんなアジア人の美しさが際立つ目もとに。海外の方との交流時にもおすすめしたい、国際的な美女になれるメイクです。

メイクのヒント ノスタルジックなまなざし

KEY ITEM! 和の世界観をたたえた抹茶ライナー

Part 2 このアイテムを使いこなす

How to?
アイライナーとアイシャドウは、質感違いの同系色で統一感を

アプリケーターを使って、パール入りのアイシャドウを二重部分にちょんとひとのせ。まぶたへの定着感と発色を高めるため、すぐにはのばさず待機し、半乾きになったらワイパーのようにアイホールに塗り広げます。主役のマット質感のアイライナーは、目のキワに沿って。目尻は実際の目尻より1cm程度長くのばし、ノスタルジックなムードを高めて。

KEY ITEM!
同系色のパールとマットは、
質感のコントラストで
目もとにメリハリが

アジア人のオークル肌と相性のいい抹茶色。するするとのびて、しなやかにとどまるウォーターベース。Wウォーターアイズ カラーインク 08 ¥3800／RMK Division

OTHER ITEM　　CHEEK: ピュア カラー ブラッシュ 08 ¥5500／SUQQU　LIP: ディグニファイドリップス 09 ¥3200／セルヴォーク

Theme 06

いつでも視線を奪いたい♡
キラキラアイテム

光をうまく操って、その時々でもっともキレイな顔に見せられるのがキラキラの特権。自然光にも夜のバーのライトにも映えて、伏し目や横を向いた時には色っぽく。しかもキラキラ自体は無色なのでメイク感が前面に出てこず、キレイな人だったという印象だけ残せます。

メイクのヒント ドラマティックな目もと

KEY ITEM! 発光パープルと影色ブラウンシャドウ

Part 2 このアイテムを使いこなす

How to?
指塗りでまぶたと一体化させ、内側から光が放たれる印象に

メインカラーは、透明度の高いCのパープル。上まぶたのアイホールを若干越えるところまでのばしたら、まぶたの丸みの中央にBを重ねて立体感をUP。輝きは隣に影があってこそ際立つので、目尻側にブラウンを。Aを目尻から内側に向かって、まぶたのふくらみに沿ってなじませます。仕上げに、下まぶたの黒目の下にBをのせて、動く目もとを色っぽく。

A KEY ITEM!
赤みニュアンスのブラウンで、女らしさをほんのり

光の角度で輝きとつやめきが変わる、濡れた質感。溶け込むようになじんで、目もととのコントラストを高める。アイグロウ ジェム BR384 ¥2700／コスメデコルテ

KEY ITEM! B
潤んだ瞳に見せる透明度の高いシルバー系

透き通るようなキラメキを放つシルバー系ホワイト。下まぶたには黒目の幅分入れると、より効果的。インジーニアス パウダーアイズ N 24 ¥2200／RMK Division

KEY ITEM! C
大粒パールがたっぷり入ったライトパープル

なめらかなテクスチャーで、まぶたにムラなくピタッとフィット。粉飛びしにくく、目の動きにもヨレず崩れず。プリズム パウダー アイカラー 006 ¥800／リンメル

OTHER ITEM　　LIP: ケイト CCリップオイル 04 ¥920（編集部調べ）／カネボウ化粧品

チークのヒント

私のメイクのアイデンティティは"仕込みチーク"

　チークには、見た目の印象を変えるだけでなく、その人の"背景"まで演出する偉力があります。チークの血色感は人間の生命力と関連するもの。高揚感をつくれば満たされた毎日を過ごしているように見えるし、イキイキとした頬は健康的で充実したライフスタイルをうかがわせるのです。そんなふうに、目に見えない人となりを映し出すチークメイクで、私にとってなくてはならないのが"ハッピー感"。楽しく幸せそうな"背景"は、すべての女性にキレイを紡ぐ最高のエッセンスになります。
　だから私は、どんなメイクにも誰にでも必ず、ハッピー感が溢れ出る"仕込みチーク"を入れています。クリームチークとファンデーションを混ぜて、ベースメイクの最後につけるこのテクニックは、内側からの自然な血色感が表現できるとっておきの隠しワザ。ベースメイクの一部として、ベースの段階であらかじめ血色感を仕込んでおけば、可愛さやクールさといった表現したい雰囲気をもたらすチークを重ねても肌と見事に一体化。メイクでつくったのとは違う、その人自身の魅力が引き立ちます。30年に亘るヘアメイク人生の中で、世紀の大発見！と自負している驚きのその効力、体感してみてください。

Basic
基本のチーク

Part 2 このアイテムを使いこなす

肌色の延長線上の発色にすることで、自分の肌に合う血色感がつくれる基本の"仕込みチーク"は、血色感＋骨格を自然に活かす塗り方で。チークとファンデーションの質感が揃って、頬と肌の境目が目立たない仕上がりは「すごく美しいベースメイク」に見えます。

How to?
チークにファンデーションを少量混ぜ合わせて

クリームチークを取って手の甲にのせ、ファンデーションを加えて指でよく混ぜ合わせます。黒目の延長線上にあたる頬のいちばん高いところを始点に、外に向かって徐々に小さくなるようポンポンポンと3ヵ所にのせ、指を優しく滑らせるようにのばして。仕上げに何もついていないスポンジで、アウトラインを軽く叩き込んで肌なじみを高めましょう。

基本のチークは、シアー系。黄みを含んだローズが鉄板

ファンデーションと混ぜると紫っぽく転ぶ、青みローズはNG。黄み系の色で、生肌感が残るシアーめの質感を。ヴィセ リシェ リップ＆チーククリーム N PK-4 ￥1000（編集部調べ）／コーセー（11／16発売）

How to Video 1

◀動画はこちらから **Check!**
https://youtu.be/cb43W_6soeg

取る量や混ぜ具合、チークをのせる位置はもちろん、塗り広げる際の指の圧力のかけ方まで、手に取るようにわかる動画で、基本の塗り方を完璧にマスターを！

COLUMN / 02 Basic Cheek

Cute
可愛めチーク

Part 2 このアイテムを使いこなす

「♡形」に血色感をつくる"ハートチーク"は、微笑んだ時の頬の高さを再現した、私が大切にしているハッピー感がもっともわかりやすく溢れる塗り方。黒目の延長線上がほんのり染まることで、あどけなく可愛くなるうえ、顔の側面はきゅっと締まるので小顔にも！

How to?
基本の"仕込みチーク"の上に"ハート形"にふんわり重ねづけを

目尻の延長線上にあたる頬骨の角から頬の中心に向かって、頬骨に沿ってチークをなじませます。自分の骨格を意識したこの塗り方で、顔の側面が引き締まって小顔効果が。次に、目頭の下から頬の中心に向かって"ハート形"になるように重ねて。黒目より内側に血色感がのって出る幼さで、可愛く！仕上げに「♡」のくぼみから外向きに、ハイライトでツヤを与えて。

白みのあるコーラルはノンパールタイプ

微笑むと高くなる頬の中心で色が重なって、丸みが際立ち、ハッピー感のある可愛さが。アゴと鼻先にも。プレストチークカラー N 17 ¥5300／レ・メルヴェイユーズ ラ デュレ

ハイライトのツヤ感で頬の♡形を引き立てて

しっとり濡れたようなツヤを添えるハイライト。白浮きしないピンクみのある色を選んで、可愛さを後押しする柔らかな光をプラス。イルミナイザー 002 ¥1200／リンメル

COLUMN / 02 Cute Cheek

How to Video 2

◀動画はこちらから **Check!**

https://youtu.be/zGTE7v8NMa8

一瞬、難しそうだと思った人でも、「♡形」のつくり方が確実に理解できる動画は、基本の"仕込みチーク"から変化していく過程をリアルに目で追えるのも楽しい！

Cool
大人め チーク

Part 2 このアイテムを使いこなす

骨格メイクで演出する大人めには、ハイライトとシェーディングのサポートが必要。この雰囲気に不可欠な女性らしさと知性がうまく溶け合うので、オフィシャルにぴったりです。半面、ドレスを着るとセレブっぽいムードに変わるので、パーティシーンにも映えます。

How to?
「つ」の字形に入れるチークと陰影コントロールで美人度をUP

頬の高いところを「つ」の字形で囲むようなイメージで、左端のチークをふわっと。落ち着きのある色だけど、基本の"仕込みチーク"を入れているので、大人めに合うほどよい血色感が。右下のシェーディングは、頬杖をついた時に手で隠れる場所=耳のつけ根からアゴ先へ、2本の線を描く感覚で。黒目の下から頬骨の角へ、右上のハイライトで明るさを。

薄膜でなじんで陰影を操る
美人になれるカラートリオ

スキントーンのチーク、ハイライト、シェーディングがセット。美形顔をつくる計算ずくの3色。ルナソル モデリングフェースコンパクト 01 ¥5000／カネボウ化粧品

How to Video 3

◀動画はこちらから Check!
https://youtu.be/1HGtewkInAA

ハイライトやシェーディングは基本のテクニックなので、ここでしっかりリチェックすれば、普段のメイクにプラスできるように！　メイクのスキルがぐんと上昇します。

COLUMN / 02 Cool Cheek

Part 3

こんな
メイクが
知りたい!

読者の方々に、よくコンプレックスを解消するメイクテクニックについて質問されるんですね。そんな時、私はネガティブな部分から目を背けるのではなく、ポジティブに転換する方法をお答えしています。もちろん、不自然に見えてはいけないので、無理のない範囲でできることに限定していますが、いわゆる発想の転換ができるのもメイクの醍醐味。もしもクマが目立っていたなら、隠すのではなく、むしろ活かして陰影にするというように、一見、マイナスと思う要素がある日だからこそできるメイクがあるんです。普段はしないことをすると、嫌いだった自分が好きになれたり、新しい自分が発見できたり、ポジティブの連鎖が起きる。私はそう信じています。

元気がない時／page 66

Theme 01

フォーマルなおよばれに
おめかし感を出したい

結婚式やパーティなど、きちんと感が必要な場面では上品さが不可欠。目のキワや唇の輪郭といったパーツのラインを美しく整えてメイク全体のクラス感をアップしましょう。細部で効果を出すのでメイクで演出した感が出にくく、もともと品格が備わっている雰囲気に。

メイクのヒント キワを締めたノーブルEYE

KEY ITEM! ネイビーのライナー＆マットなリップ

Part 3 こんなメイクが知りたい！

How to?
目の形を活かすライナー使いと
染めたような唇で長期戦に対応

アイメイクは、あくまで自分の目をくっきり見せることが大事なので、長さを足したりハネさせるといった演出は不要。目のキワに沿って、目の形どおりにAのアイライナーを入れて引き締めます。品位を表す口もとは、飲食しても落ちにくいようツヤを抑えたマット質感に。Cのリップペンシルで輪郭を取り、唇全体にBを塗って、染まったような印象に。

KEY ITEM! A
引き締めつつも
ヌケ感が出る
ネイビー

きちんと見えて目もとが洗練されるグリーンニュアンスのネイビー。水・汗・皮脂に強いラスティングタイプ。シュアネス アイライナーリキッド C 02 ¥2800／セルヴォーク

KEY ITEM! B
ポンポンのせるだけで
マットな唇が完成する
チップタイプのリップ

鮮やかなピーチピンク。ふわっと染まったように発色させるために、チップで唇中央にのせ、指で叩くようにして輪郭まで広げて。ティントカレス B03 ¥1700／ロレアル パリ

KEY ITEM! C
唇とも肌ともなじむ、
フレッシュなピンク系
リップペンシル

唇の輪郭を自然に整える色。ラインを描く時は、品格を左右する上下の口角の境目も忘れずにつないで。リファインドコントロール リップペンシル 05 ¥2500／THREE

OTHER ITEM　　EYE: ヴィセ アヴァン シングルアイカラー クリーミィ 107 ¥800（編集部調べ）／コーセー

Theme 02

キレイな素顔を疑似メイク
すっぴん風に見せたい

肌から透けて見える、素顔にもともとある血色感をうまく演出できれば、すっぴんメイクは成功したも同然。カギとなるのは頰と唇。中央が濃く外側に向けて淡くなる、内側からにじみ出たようなリアルな発色にすれば、きっと"すっぴん、キレイだね"って褒められます。

メイクのヒント じゅわっと溢れる血色

KEY ITEM! コーラルトーンで揃えたチークとリップ

Part 3 こんなメイクが知りたい！

How to?
中央からのグラデーション塗りで、頰と唇に生っぽい血色感を

自分の中からにじみ出たような血色感が大事なので、青みカラーはNG。赤みとオークル系の肌が混ざって生まれるようなコーラル系で素肌と同調させて。まずチークAは、実際に赤みが出る範囲の頰骨の中心から輪郭へ扇状に。リップBは、輪郭に向けて徐々に淡くなるよう唇の真ん中からラフに塗って。ちなみに、途端にメイク度があがる眉はノータッチ。

A KEY ITEM!
スフレタッチのチークでふんわり桃のような頰に

肌の上でパウダーに変わるスフレ質感のコーラルピンク系。毛穴レスになるので、美肌見え！　チーク＆アイブロッサム 07 ¥2300／ジルスチュアート　ビューティ

KEY ITEM! B
塗るだけでグラデリップがつくれる2層タイプ

高透明度のクリア層でカラー層を包容。塗るとにじみ出たように発色。ヴィセ リシェ クリスタルデュオ リップスティック RD464 ¥1500（編集部調べ）／コーセー

OTHER ITEM　　EYE: ケイト ラッシュフォーマー（ボリューム）BK-1 ¥1400（編集部調べ）/カネボウ化粧品

Theme 03

「いいね」がたくさんもらえる
インスタ映えを狙いたい

パッと見た瞬間の印象がモノを言うインスタで、無条件にいいと思われるこのメイクは、目尻側をポイントに重さを出すことで、修整しづらい目の形を変えているのが特徴。どんな加工をしてもこの美形にした雰囲気は残るので、いつもと違う自分をアピールできるはず！

> **メイクのヒント** ボリュームのある目尻

> **KEY ITEM!** ボルドーレッドのアイシャドウ

Part 3 こんなメイクが知りたい！

How to?
目尻側に向かって重さが出る
タテグラデーションでタレ目に

カラーはもちろん、モノクロやセピアに加工しても美形で、ちょっと西洋風のムードが残る赤みでつくったタレ目風の目もと。左上を上まぶたにのばし、右上をアイホールの目頭側1/3、左下を目尻側1/3にプラス。下まぶたの目頭1/3に右上をなじませ、中央のボルドー系を上下の目尻を囲むように二重幅に。下の目尻側は直線的にし、タレ目っぽく。

KEY ITEM!
赤みを含んだ色合わせで、
画面からも伝わる色気が

使用した上の2色は、パール入り。中央のメインカラーに加え、左下の締め色も赤み含みのブラウン。リボンクチュールアイズ 19 ¥5000／ジルスチュアート　ビューティ

OTHER ITEM   **EYE:** ブロー スウォード（アイブローペンシル）バーガンディー ¥4000／シュウ ウエムラ   **CHEEK:** ザ ブラッシュ ローズバー ¥2800／アディクション ビューティ   **LIP:** キスキス マット M377 ¥4300／ゲラン

Theme 04

フェイスラインをすっきり

まとめ髪にしたい

髪をまとめたら、ディープな唇をコーディネイト。色の引き締め効果によって、露出が気になる顔まわりがすっきり見えます。コンパクトにした髪と唇＝顔の上側と下側に深い色でポイントがつくのでバランスが取れて、まとめ髪がより素敵に引き立つのもメイクの効能。

メイクのヒント 輪郭を引き締める深い唇

KEY ITEM! マットな赤リップと透ける黒のグロス

How to?
赤×黒の魅惑的な色合わせでまとめ髪の女っぽさも格上げ

自分の唇そのものが赤く染まったようになるマットなリキッドリップAを唇全体に。先にチップで唇の輪郭を取り、内側を埋めたのちティッシュで軽く押さえて唇との一体感をUP。深みを高めるために、透け感のあるBの黒グロスを唇の中央に多めにのせ、外側へラフにのばして。品を出すために口角は量を少なめに。このテクニック、ショートヘアの人にも推薦！

Part 3 こんなメイクが知りたい！

KEY ITEM! A
すりガラスのようなソフトマットな質感が今っぽいプラムレッド

髪をおろしている日は、これ一本で楽しみたい美人色。唇がふんわり見える質感の効果で、唇のタテジワが目立たなく。ルージュ アリュール インク 154 ¥4200／シャネル

KEY ITEM! B
ミステリアスなブラックグロスは引き締め効果抜群

個性的な色なのに、トゥーマッチにならない稀有なブラック。軽いテクスチャーで使用感もいい。リップグロス ピュア ダークナイト ¥2500／アディクション ビューティ

OTHER ITEM　**EYE:** ウイスパーグロスフォーアイ 03 ¥3300／THREE、カネボウ デュアルアイライナー（リクイド）01 ¥2500（ホルダー込み）／カネボウインターナショナルDiv.、ラッシュ クイーン ワンダーブラック 01 ¥5300／ヘレナ ルビンスタイン　**CHEEK:** ルーセントマジック クッションブラッシュ P2 ¥2000／ロレアル パリ

Theme 05

おしゃれにイメチェン!

前髪を切った時

前髪をおろすと、眉と目の間に髪がかかるので、まぶたに色をのせても部分的に隠れてしまいがち。微妙にできる前髪の影にも影響されないよう、ポイントは目のキワに。上下にアイシャドウを入れてアーモンドアイにし、前髪でつくるおしゃれさをバージョンアップ。

メイクのヒント アーモンド形の囲み目

KEY ITEM! グレイッシュパープルのアイシャドウ

How to?
いつもの顔に個性をプラスする目尻長めの囲み目でモード感を

まぶたのくすみを払うために、左のシアーピンクを上まぶたのアイホールをやや越えるところまで広めにぼかします。右のパープルで上下の目のキワをぐるっと囲み、目尻を1cm程度長くしてアーモンドアイに。先に手持ちの黒のアイライナーを入れ、ぼかすようにパープルを重ねるのがおすすめです。

KEY ITEM!
知性的に見えて透明感も出るパープルを厳選

リッチなモード感を出すグレイッシュパープル。入れる時は細いチップの先端を使って。まぶたに広げる左は太いチップで。B.A カラーズ アイパウダー 4 ¥5000／ポーラ

Part 3 こんなメイクが知りたい！

64

 OTHER ITEM　**EYE:** ディオールショウ コール ライナー ウォータープルーフ 099 ¥2800／パルファン・クリスチャン・ディオール、マキアージュ ビューティーシルエットマスカラ BK999 ¥2800（編集部調べ）／資生堂　**CHEEK:** ルナソル カラーリングシアーチークス 08 ¥5000／カネボウ化粧品　**LIP:** ミネラルリッププランパー ピンクオパール ¥2800／エトヴォス

Theme 06

テンションをグッとあげたい!
元気がない時

メイクをするのも億劫で、だるさもあるようなこんな日こそ、指でサッと塗れるバームシャドウの出番。究極、寝たままでもメイクできちゃうし、濡れツヤ感によって元気のない冴えない肌に生命力がプラス。イキイキする顔を見れば、気分もあがってエネルギッシュに!

> **メイクのヒント** イキイキとした目もと

> **KEY ITEM!** 濡れたつやめきのバームシャドウ

Part 3 こんなメイクが知りたい!

How to?
指の幅をうまく使うラフ塗りで、塗る範囲を見極める手間を省略

人差し指の第一関節までにAのバームシャドウをつけて、上まぶたの中央にトンと軽くスタンプを押すようにのせ、左右にラフにのばします。次に、薬指の腹にBを取って目尻側1/3に重ね塗りし、ナチュラルな立体感を。同じく薬指で下まぶたの目尻1/3にもBをのばし、少しだけタレ目っぽく。可愛く変わる目もとを見れば、さらに元気が湧いてきます。

> **KEY ITEM!**
> **まぶたを透かせる発色が女っぽいバームシャドウ**
>
> Aパールがゆらめくオレンジニュアンスのベージュ。インテグレート トゥインクルバームアイズ BE281 B温もりのあるこっくりとしたブラウン。同BR382 各¥980（編集部調べ）/資生堂

A
B

> **KEY ITEM!** C
> **自然に上気した頬をつくるコーラルピンクのチーク**
>
> 人差し指から薬指までの3本指の腹にチークをなじませ、ポンポンと頬骨の下に楕円状に。チーク&アイブロッサム 06 ¥2300/ジルスチュアート ビューティ

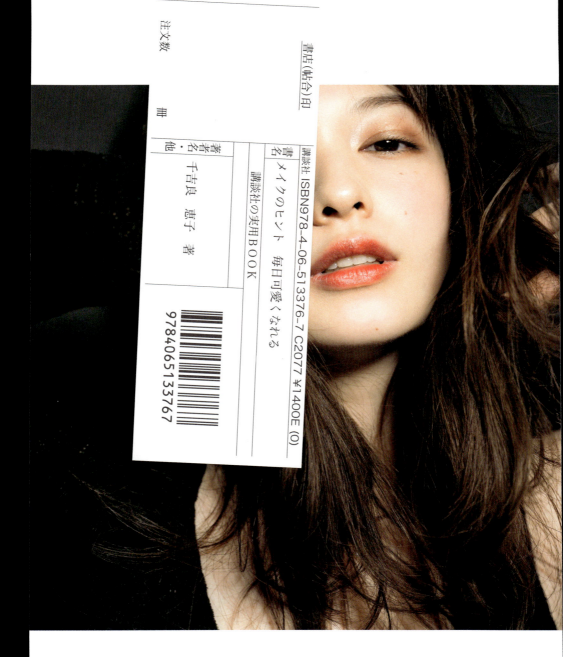

OTHER ITEM　　LIP: ヴィセ リシェ クリスタルデュオ リップスティック OR262 ￥1500（編集部調べ）／コーセー

顔色が悪く～

肌色がくすんでいる時は、疲れていることも多く、しっかりメイクする余裕もないだろうから、塗るだけでOKのリ～明るさを引き出してくれるオレンジ系の～

メイクのヒント 美白肌

KEY ITEM! パウダー～

How to?
**上唇の山を埋めて
ティッシュオフ。
エッジを弱める塗り方で
今っぽく**

肌のくすみを飛ばしてくれる朱赤リップ。とくにパウダーマットな質感は、肌をフォギーに見せることでアラをぼかしてくれる、いわばフィルターをかけたような効果が期待できます。ただし、クラシカルに転びがちな色でもあるので上唇の山をつなぐように輪郭を取り、全体に塗ってティッシュオフ。輪郭のエッジを弱めた後、上下の中央に重ねづけを。

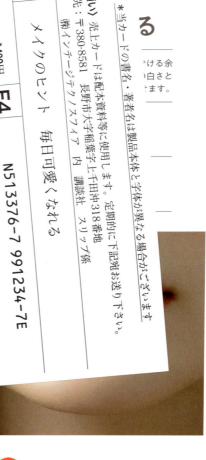

KEY ITEM!
**ドライとは違う
パウダーマットな質感が旬!**

肌の質感となじみやすいので、唇が小さい人は若干オーバーリップに描くと自然にふっくら見せられる。リュクス マット リップ カラー 14 ¥4200／ボビイ ブラウン

Part 3 こんなメイクが知りたい!

OTHER ITEM EYE: デザイニング カラー アイズ 08 ¥6800／SUQQU CHEEK: ルーセントマジック クッションブラッシュ P2 ¥2000／ロレアル パリ

Theme 08

シャープな顔を手に入れる

朝、むくんだ顔をすっきり見せたい

彫りの深い顔をつくると効果てきめん！ 骨格をコントロールするためにすべてのパーツに陰影をつけるぶん、わざとらしくならないよう、ざざっと指でメイク。にじんだみたいになって、こなれ感が生まれます。ちょっとぽっちゃりしたなっていう時にも有効ですよ。

メイクのヒント 彫り深メイク

KEY ITEM! 骨格を操作するチークとアイシャドウ

Part 3 こんなメイクが知りたい！

How to?
凹凸感を出すシャドウと、側面を引き締めるチークでコントゥア

グラデーションをつけたような陰影が一色で叶うAのシャドウを、上まぶたのキワからアイホールのくぼみに向けてぼかしこみます。下まぶたの涙袋にもAを。目尻は眉尻の延長線上あたりまで長めにのばして。Bのチークは頬骨に沿って楕円状に。顔の側面を引き締めつつ頬骨の高いところが光るハイライト作用で、コントゥアリング効果があがります。

A KEY ITEM!
まぶたの立体感を活かす
パール入りビターブラウン

上まぶたのアイホールと下まぶたに入れることで、わざと目をくぼませてシャープに見せて。カネボウ モノアイシャドウ 06 ¥3200／カネボウインターナショナルDiv.

KEY ITEM! B
光と影をつくり出す、
顔が垢抜けるブラウン系

粉っぽさ皆無の上質触感。ゴールドパールが生み出す頬のツヤ感で、むくんでだるそうな顔にイキイキとした生命力が！ ジュ コントゥラスト 370 ¥5800／シャネル

OTHER ITEM

EYE: ラスティング ソフト ジェル ペンシル N M インテンス ブラック ¥2600／シュウ ウエムラ、カネボウ ナチュラルフレーミングマスカラ 01 ¥3800／カネボウインターナショナルDiv.　LIP: リップスティック シアー カシス ¥2800／アディクション ビューティ

Theme 09

メイクでスキンケア効果!?
肌がパサついてツヤがない時

潤い不足の肌は、光をうまく反射できない肌。そこを目もとに添えるツヤっぽさでフォローすれば俄然、潤った肌に見えます。さらに、下まぶたの目尻に赤のラインを差し込むという隠しワザも投入。"涙ぐんだ時"の憂いとうるうる感が掛け合わされ、いっそう潤った肌に。

メイクのヒント 潤んだようなまなざし

KEY ITEM! 濡れシャドウと赤のアイライナー

Part 3 こんなメイクが知りたい!

How to?
上下まぶたのツヤとインサイドの赤で、湿度のある肌に見せる

フィット感を高め、素のまぶたが潤っているように見せるためにファンデーションは塗らず、上まぶたのキワからアイホールまでに濡れ質感のグレー系Aを。下まぶたの目尻側1/3にも細く加えたら、インサイドの目尻から黒目の外側までにBのアイライナーを入れて。泣かないと赤くならない場所に赤を入れることで、うるうるっとした憂いのある目もとに。

A KEY ITEM!
色気も漂う、大人の潤い感をつくるグレイッシュシャドウ

指でサッと塗るだけでうるツヤアイが実現する、みずみずしいツヤ感のジェルシャドウ。女らしさがにじみ出る色みも絶妙。アイグロウ ジェム GY080 ¥2700／コスメデコルテ

KEY ITEM! B
目もとの熱量をあげるノンパールの赤ライナー

濡れ感のあるインサイドに入れるので、色が適度に薄まって、涙目づくりにちょうどいい発色に。カラーシック アイライナー レディオブ ザ レイク ¥2500／アディクション ビューティ

72

OTHER ITEM　　**CHEEK:** ルナソル カラーリングシアーチークス 06 ¥5000／カネボウ化粧品　**LIP:** ラプソリュ ルージュ S264 ¥4000／ランコム

Theme 10

影色をのせて目くらまし

クマが出た！

提案したいのは、クマによってくすんで見える目もとを、いっそ深めてメイクに見せちゃう作戦。活躍するのはブラウンシャドウ。目尻側にポイントをもってきて、目頭側に濃く出るクマから視線をそらす目の錯覚効果を活用し、悩みカバーと陰影メイクを時短で一挙両得。

メイクのヒント 深みのある目もと

KEY ITEM! ツヤと赤みのあるブラウンシャドウ

Part 3 こんなメイクが知りたい！

How to?
下まぶたの目尻から黒目の下にブラウンシャドウで影づけを

沈んで見えるクマのある目もとに、イキイキ感を足すことができるツヤ&血色感のあるブラウンシャドウが主役。まず、右上のパールピンクを下まぶたの涙袋になじませ、目尻から黒目の下までに右下のブラウンを。目尻側の深い色でクマから視線をそらすと同時に、目頭から斜め下向きに出るクマと色みを連係させ、メイクで陰影をつけたような印象に。

KEY ITEM!
微細パールとツヤでクマによるお疲れ感も払拭！

アイホールには左上のライトピンクを。二重の幅に右上のパールピンクをのばし、目のキワは右下で引き締めて。ロイヤルヴィンテージ アイズ 014 ¥1500／リンメル

 CHEEK: パウダー ブラッシュ RD400 ¥5000／コスメデコルテ　**LIP:** ルージュ ディオール 343 ¥4200／パルファン・クリスチャン・ディオール

Theme 11

テカリをツヤにチェンジ!
暑い日のメイク

どれだけマットに抑えても、汗は出てきてしまうもの。ならば暑い気候に逆らわず、テカリがマイナスに見えないメイクをするのが得策。自然から生まれるアースカラーで熱気のある環境になじむ顔をつくれば、テカっても違和感が出ずナチュラルなツヤに見せられます。

メイクのヒント 逆グラデにする下まぶた

KEY ITEM! アースカラーのアイシャドウ

Part 3 こんなメイクが知りたい!

How to?

目頭から目尻へ、だんだん淡くなる目もとでエキゾティックに

暑い日の熱気に似合うのは、下まぶたを逆グラデにしたエキゾティックな目もと。右下の黄土色をアイホール全体と、下まぶたの目尻側1/3に。右上のオレンジを下まぶたの中央の1/3にのせ、左下の濃いブラウンを下まぶたの目頭側1/3に効かせて。普段コンサバなメイクをしている人がこういう目もとにすると、まわりをドキドキさせることができます。

KEY ITEM!
さりげなくモード感も出る黄土色が使える!

ブラウン系を入れるとくすみがちな下まぶたを沈ませない、パールの輝きがすごくキレイ。ヴィセ リシェ ジェミィリッチ アイズ BE-1 ¥1200（編集部調べ）／コーセー

OTHER ITEM　　CHEEK: チーク&アイブロッサム 07 ¥2300／ジルスチュアート　ビューティ　LIP: エレガンス クルーズ ライブリー ルージュ RD01 ¥2500／エレガンス コスメティックス

Theme 12

非日常メイクで解放的に！

リゾートメイク

メイクで演出するのは、バカンスの非日常的な部分。熱い陽射しに映えて、リゾートという解放的な空気感に合う鮮やかなオレンジでまとめて日焼け風にすると、気持ちもワクワク高まるので、日本にいながらリゾート気分を味わいたい日、カラフルな洋服を着た時にも！

メイクのヒント 日焼け風のメイク

KEY ITEM! オレンジリップとゴールド入りチーク

Part 3 こんなメイクが知りたい！

How to?
頰は横長チークでホテリ感を。
唇は異質感のグラデでぷるんと

KEY ITEM! A
口紅の発色とグロスの輝きを持った鮮烈カラー

鮮やかオレンジは、唇の合わせ目が濃くなるように塗ると可愛さUP。ルージュ ピュールクチュール ヴェルニ 48 ¥4100／イヴ・サンローラン・ボーテ

B KEY ITEM!
素の唇が整うような薄膜マットなつけ心地

唇の上で揮発性成分が蒸発してフィットする、ビビッドな色に嬉しいラスティング効果の高い一本。マット シェイカー 186 ¥3000／ランコム

KEY ITEM! C
パール効果でハリ感も出るブラウンオレンジ

頰にハリ感が出るツヤチーク。パウダーだけどしっとりなじんで、色もツヤも長持ち。ブラッシュクチュール 3 ¥6000／イヴ・サンローラン・ボーテ

リゾート感が一気に生まれるシャンパンゴールド入りのチークCを、頰の中心から横長に。顔の中の高いところにツヤを添えると、すっぴんで日焼けした風の自然なホテリ感が出るので、鼻の頭とアゴ先にもひとのせ。唇は、Bのマットなオレンジを唇の中央から輪郭へポンポンと軽くのせ、鮮やかなAをひと回り小さく重ね、境目を指でぼかしてグラデ風に。

OTHER ITEM　　EYE: アルカミストツイストフォーアイ 01 ¥3500／THREE

COLUMN 03

メイクの裏ワザ

仕上がりの完成度をあげる、ちょい足しテク!

目のキワの描き方、唇の輪郭の処理の仕方etc.。メイクの仕上がりの美しさ、完成度はちょっとしたことで大きく変わります。そこで、読者の方々に苦手意識を持たれがちなテクニックから、私自身が撮影の際にこっそり取り入れている舞台裏メイクまで、ちょっと足すだけで見違える、知ると得する秘蔵の裏ワザを一挙公開します。

Part 3 こんなメイクが知りたい!

Make-up Hack! 裏ワザ 1

洗練された顔になる"垢抜け眉"
眉下のセンターだけきっちりライン取り!

眉頭と眉尻を外した、真ん中3/5の範囲だけ眉の下をきっちりライン取りします。この部分をストレートに描くとエッジが立ってきて、他の部分をふんわり描いても眉がキリッとし、垢抜けて見えます。きちんと感は出るのに描いた感は出ないので自然だし、コントラストがつくことで、まぶたの透明感も際立ちますよ。

オススメ ITEM キリッと感を出すために、地眉より若干濃いめの色を使用。繊細なラインが描ける極細芯で、マットな質感のものを選べば、地眉になじんでなおさらナチュラルな仕上がりに。アイブロウ スリム GY15 ¥3800／エレガンス コスメティックス

COLUMN / 03

Make-up Hack

Make-up Hack!
裏ワザ2

目もとがキュッとリフトアップ!
目尻のキワキワに、斜め45度のハイライト

目尻ギリギリを通過するように、目尻の下から上へ、45度にシュッとハイライトを入れると、光の線の方向に目尻が引き上がったように！ 仕上げに指で軽くなじませると、あたかも自分の目尻がキュッとリフトアップした印象に。とくに、タレ目には効果抜群です。

オススメ ITEM

ナチュラルにしたいなら右のベージュ系を。リフトアップ感を際立たせたいなら左のパープル系のような青みのある色を。ケイト ヴィンテージモードアイズ PU-1 ¥1200（編集部調べ）／カネボウ化粧品

Make-up Hack!
裏ワザ3

鼻筋がスーッと通った"美人鼻"に
鼻先もキュッと引き締まる眉間からの先細ハイライト

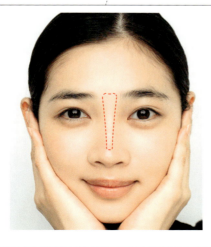

眉間から小鼻脇より上までの範囲に、鼻筋に沿ってだんだん細くなるようにハイライトを。鼻筋がスーッと通った、美人鼻に見えます。使う色は、肌なじみのいいシャンパンベージュ系。パウダリーファンデ派はパウダー質感を。リキッドファンデ派はクリーム質感を選ぶのがナチュラルに仕上げるコツ。

Make-up Hack! 裏ワザ 4

使い古しのマスカラを再利用!
カスカスの黒マスカラで眉毛を立ち上げ生命力UP

まつ毛に使う黒マスカラを、眉毛に応用。使い古しのマスカラがある時はそれを使って、ない時は、まつ毛に使った後の黒マスカラをティッシュでしごいてカスカスにし、根元から眉毛を立たせるようにつけて。地肌に色がつかず、眉だけほんのり黒く染めることができるから眉の毛質が元気に見えて、意志の強さを感じさせる目もとに。毛流れにも勢いが出て、ヘルシーで生命力のある顔になります。

Make-up Hack! 裏ワザ 5

シャドウでシャープなラインを描く
目尻にテープを貼ってアイラインガイド!

シャドウをライン風に入れるのは、至難の業。そこでテープを投入。絆創膏など肌に使えるものを好きな角度で目尻に貼って、その上にはみ出すくらい大胆にシャドウを塗ります。テープをはがせば、人の手では描けない、エッジの利いた左右対称の美しいラインが完成!

COLUMN / 03

Make-up Hack

Make-up Hack!

裏ワザ 6

眉メイク下手はチークで解決!
赤みのあるチークを眉にふわっとON

いつも通り描いた眉に、手持ちの赤み系パウダーチークをふわっと。ソフトなブラシでニュアンス程度に色づけすることで、眉がメイクに調和し、俄然メイクスキルがあがったように見えます。アイブロウマスカラだと色がのりづらい濃い眉も、キレイに色づきます。

オススメ ITEM

ムラなく色づけられる、ふわふわのブラシ。上質な灰リス毛100%使用で、粉含みも抜群。アイシャドウ ブラシ M ¥8000／SUQQU

Make-up Hack!

裏ワザ 7

愛用のファンデーションをツヤ質感に
ハイライト下地orオイルを一滴ブレンド

肌が乾燥してマットに転んでいるような日は、普段使っているファンデーションにハイライト効果のある下地orフェイスオイルをブレンド。ほんの一滴混ぜるだけで、潤い感のあるツヤツヤした肌が実現します。セミマット派の人が、急遽ツヤ肌にしたい日にもお役立ちです。

オススメ ITEM

ハリ感も。タン・クチュール・ラディアント・ドロップ 01 ¥6300／パルファム ジバンシイ、天然由来成分100%。エミング フェイシャル オイル エッセンス 28ml ¥13500／THREE

Make-up Hack!

裏ワザ 8

マスカラの内向き塗りでぱっちり目
"内寄せ"下まつ毛で、可愛さ高まる求心顔に!

下まつ毛全体にマスカラを塗った後、中央から目頭側のまつ毛を思い切り内側に寄せるイメージで、マスカラを重ねづけ。毛流れを内向きに方向づけるこのテクニックで、ちょっと求心的な顔になって、可愛らしさがアップ。目頭が開いたようになって、目もぱっちり!

裏ワザ 9

Make-up Hack!

潤い注入で濃いめリップの色溜まり防止

リップクリーム+ティッシュオフでタテジワをパンプアップ

濃いめのリップは、タテジワに色が溜まりがち。とくに、落ちてくると目立つその状態を防ぐために、塗る前に高保湿タイプのリップクリーム（P104参照）を指でマッサージする感覚でなじませて潤いを注入。時間がある時はちょっと多めに塗ってラップパックをし、リップを塗る前に一度ティッシュオフ。タテジワがふっくらするので色溜まりが防げます。

裏ワザ 10

Make-up Hack!

濃密ボルドーリップにはツヤ消しテク

染めたような発色を狙ってティッシュにツヤを転写

ボルドーのように濃密な色のリップは、おしゃれな半面、ツヤがあると厚化粧に見えがちなので、ティッシュオフするひと手間をプラス。2枚重ねのティッシュを1枚にして唇にピタッとのせ、指でそっと押さえると、表面のツヤだけをティッシュに写し取ることができ、リップの色も定着。唇を染めたような発色になって、難易度の高い色もなじみます。

裏ワザ 11

Make-up Hack!

透けレッドは塗り方で女度を底上げ

上唇の輪郭は、薄膜塗り。下唇は船底形でぽってり

定番化しつつある透けレッドのリップは、塗り方で差をつけましょう。まず、上唇の輪郭は、厚みが出るとセクシーに転びがちなので、厚みを抑えるべくリップブラシを使って、内側から輪郭に向けて薄くぼかす薄膜塗りを。下唇のポイントは、中央部分の輪郭。ここのラインを水平に、若干長めに描いて船底形にするとぽってりボリュームが出て女度が上昇。

Part 3 こんなメイクが知りたい！

COLUMN / 03

Make-up Hack

Make-up Hack! 裏ワザ 12

熟れた赤は、ラフ塗りでこなれ感を
薬指のポンポン塗りでグラデーションづけ！

最初に唇中央あたりにリップを直塗りしたら、輪郭に向かって指先でポンポンと広げていきます。この時、指の中でいちばん力が入らない薬指を使うと軽くぼやけて、ちょうどいい感じに仕上がります。さらに、唇中央だけリップを重ね塗りすると、中央のこっくり感と輪郭のラフさという質感のグラデーションが、こなれた印象を引き出してくれますよ。

Make-up Hack! 裏ワザ 13

透けピンクは濃淡塗りで可愛さUP
上下の唇が合わさる場所に重ねてじゅわっと感を

ジューシィな透けピンクのリップは、唇全体に薄く均一に塗った後、上下の唇が合わさる場所＝唇の中央部分に何度か重ね塗り。もっとも濃く色づく唇の内側から外側へ薄く消えていくような、自然なグラデーションをつくると、じゅわっとにじみ出たような発色になって、ぷるんとしたピュアで可愛い唇に！

Make-up Hack! 裏ワザ 14

光を偽装して、唇をぷっくり！
ホワイトパールのラインで下唇中央に"光の帯"を

白パールライナーで下唇の中央に1本線を描きましょう。常に光があたってつやめいているように見える"消えない光の帯"ができ、ぷくっと突き出たようなボリューム感が。リップを塗る前に仕込むのが基本だけど、より強調したい時はリップを塗った上にON。

> オススメ ITEM
>
> なめらかな質感でムラづきにくく、スーッとまっすぐにラインが描けるこちらは、アイ＆リップに使えるタイプ。プレイ101 ペンシル 4 ¥833／エチュードハウス

Part 4

こんな
ファッションに
合わせたい!

帽子（つばなし）の日／page 94

昔は、ファッションとメイクは別モノという考え方が主流でしたが、今はヘアスタイルも含めて三位一体の時代。全身に統一感を持たせると、なりたいイメージがいっそうつくりやすくなるうえ、人に対して見せたい女性像を表現できます。この章ではファッションありきでメイク提案をしていますが、逆にメイクを優先し、したい顔に合う服を選んでもいい。私は撮影の際、臨機応変に服とメイクの優先順位をチェンジしています。いずれも成功術は、服にある色みとメイクに使う色を、どこか一ヵ所でも連係させること。もうひとつは肌づくりで、ポイントは「質感と露出」です。質感のほうは、ニットの服を着たら肌はフォギーに。サテンの服なら肌にもほんのりツヤを添えて。また、露出が多めの服を着た時は、肌は薄めにし、体の肌質感と違いが出ないようにするとトータルのバランスが取れて、演出したい女性像を自分のものにできるはずです。

白T×デニムの日／page 96

Theme
01

フレームとコーディネイト！

メガネの日

メガネをかけた時の雰囲気をつくるのは、フレームの色や形。そこと眉をリンクさせるとまとまり感が出て、センスよく見えます。また、チークはのせた形を分断するフレームに影響されないよう、淡く広めにボーダレスに。レンズ越しになるまぶたはノーマークでOK！

メイクのヒント 直線眉とボーダレスな血色

KEY ITEM！ パウダーアイブロウ＆スフレチーク

Part 4　こんなファッションに合わせたい！

How to ?
メガネの強い存在感をパウダーでつくる眉とソフトな頬で緩和

フレームの上部がストレート系で色も濃いめなので、眉もダーク系で直線的に。ただし、強くなりすぎないようパウダータイプのAを使用。左と中央を1:1で混ぜて、眉の下側に。眉山の下は若干埋める感覚で直線的にした後、上向きに眉全体を塗りつぶして。Bのチークは黒目の内側の延長線上からフェイスラインへ、大きく「つ」の字を描くようにふわっと。

KEY ITEM！ A
毛並みがつぶれず立体的になるふんわりパウダー

毛が抜けているところがある場合、最後に左の濃い色で埋めて。ディオール バックステージ ブロウ パレット 002 ¥4000／パルファン・クリスチャン・ディオール

B KEY ITEM！
するするなじむ、広範囲チークにぴったりの質感

上気感が生まれるコーラル系。顔が下がって見えないよう、タテの塗り幅は小鼻脇までにとどめること。チーク＆アイブロッサム 03 ¥2300／ジルスチュアート ビューティ

OTHER ITEM LIP: ルナソル エアリーグロウリップス 06 ¥3000／カネボウ化粧品

Theme 02

フレンチモードでおしゃれに
サングラスの日

サングラスには、フレンチモードを意識したメイクが似合います。外で装着するアイテムは、ヘルシーさを加えたほうが断然おしゃれに転ぶので、黄みニュアンスの赤の唇をヒロインに。色つきレンズはアイシャドウをよりダークに映すので、アイメイクは潔くレスするのが正解。

メイクのヒント おしゃれな顔になる唇

Part 4 こんなファッションに合わせたい！

KEY ITEM! 黄みを含んだマットな質感の赤リップ

How to?
輪郭に丸みをつけるように描き、下唇の"船底"はオーバーリップに

色をのせるのは唇だけなので、サングラスのインパクトに負けないよう、ボリューム感をつけて。上唇は、口角から山に向けてちょっとラウンドさせるように輪郭を取り、山の溝をつないで丸みをアップ。下唇は"船底"と呼ばれる中央部分を広めに。全体の2/3くらいのスペースを直線的なオーバーリップに描き、ゆるいカーブで口角へつなげれば完成。

しっかり唇を染めるけど厚みが出ない質感がIN

パール入りだと女度が出すぎてゴージャスになってしまうので、マットな質感のとびきり可愛い赤でおしゃれにキメて。ラプソリュ ルージュ DM505 ¥4000／ランコム

OTHER ITEM　　EYE: ブロウインク ジェルティント 01 ¥1200／メイベリン ニューヨーク

Theme 03

顔に落ちる影をコントロール
帽子（つばあり）の日

つばありの帽子をかぶると目の下まではほぼ影になるので、その下にくるチークの血色感で明るさを足すことが大人の鉄則。ハンサムでボーイッシュなアイテムでもあるので、塗る時はピアノタッチであえてラフにムラっぽくし、カジュアルさを加えてスタイリッシュに。

メイクのヒント 点々塗りのソバカスチーク

KEY ITEM! ホイップ質感のボルドーチーク

Part 4 こんなファッションに合わせたい！

How to?

黒目下につくる隙間のある血色
で、立体感が生まれて美形にも

人の肌にあるムラっぽい血色感を表現するために、頬の黒目の延長線上にチークを3点打ち。黒目の内側、外側、目尻下を目安にのせたら、指を使ってピアノタッチでハート形に広げます。ソバカスみたいにところどころにできる隙間によって、立体感のある頬に。指に残ったぶんをアゴ先と鼻の頭にも軽くのせて、帽子のイメージに合うボヘミアンなムードに。

KEY ITEM!

深みと青みが混ざり合う赤ワインみたいな発色

濃淡の調整自在の色。今回は濃いめに発色させたけど、薄くなじませて透明度をあげると、肌を白く明るく見せる効果が。エピック ミニ ダッシュ 07 ¥3000／THREE

Theme 04

質感を合わせた冬仕様メイク

帽子（つばなし）の日

ニット帽には、コンサバ風よりちょっと甘さのある顔のほうがおしゃれに見えるので、ニットと素材感を合わせた、柔らかそうなフォギー質感でメイク全体を統一。白みのあるグレイッシュ系モーヴをキーカラーに、冬の冷えた肌に感じる透き通るようなピュアさも獲得。

メイクのヒント 透明感を引き出す目と唇

Part 4 こんなファッションに合わせたい！

KEY ITEM! スモーキーモーヴのシャドウ＆リップ

How to?

目の上下を挟むモーヴシャドウと、生感を残す唇で甘く無垢に

たとえるならば、ロシアの女の子みたいな感じの純度の高い透明感が生まれるメイク。Aのクリーミィなシャドウを、上まぶたのまつ毛ギワからアイホールになじませて。同色を下まぶたの目尻から黒目の内側までにのばし、甘さをプラス。唇にはAよりちょっと明るいトーンの同系色Bを中央から外側へ。輪郭はあえて塗らず、生唇の質感を残してピュアに。

KEY ITEM! A
大きさの異なるパールが潜む、クリームマットなアイシャドウ

なじませた後、もう一度指でなでると秘められたパールが浮き出る多才なシャドウ。アイラインとしても活躍。アルカミストツイストフォーアイ 07 ¥3500／THREE

KEY ITEM! B
素の唇がキレイになったように発色するパウダーマットなモーヴリップ

色移りせず、乾燥を感じさせない使用感。輪郭がくっきりしている人は、最後に綿棒でぼかして曖昧に。リュクス マット リップ カラー 04 ¥4200／ボビイ ブラウン

OTHER ITEM　　CHEEK: プレスト チークカラー N 09 ¥5300／レ・メルヴェイユーズ ラデュレ

Theme
05

心の奥をのぞきたくなる

白T×デニムの日

究極の飾らなさの裏に潜む、人間的な魅力を知りたくさせるのがこのメイク。仕掛けるのは、ネイビーのアイライナー。ノーブルさの演出が得意な色だけど、下の粘膜に入れることで少年っぽい目ヂカラのやんちゃさや勝気な可愛さといった、いろんな謎めきでそそります！

メイクのヒント 下まぶたの粘膜ライン

KEY ITEM! ネイビーブルーのペンシルライナー

Part 4 こんなファッションに合わせたい！

How to?
ネイビーで粘膜を染めて、光沢ベージュでキレイな素まぶたに

ラフで自然体なファッションに合わせて、メイクもありのままの素顔に見えるように仕上げるのがポイント。素まぶたでもいいけれど、くすみを払ってツヤを出すために、パールベージュのアイシャドウAを上まぶたのアイホールに。下まぶたの粘膜全体にBのアイライナーを。涙で薄まってちょうどいい発色になって、目もとが謎めく深みを添えてくれます。

A **KEY ITEM!**
ツヤツヤまぶたをつくる
輝き強めのベージュ

アイホールの丸みをなでるイメージで、ワイパーのように指塗りを。エレガンス クルーズ アイカラー プレイフル MN03 ¥1800／エレガンス コスメティックス

KEY ITEM! **B**
粘膜に入れても
痛みを感じないテクスチャー

なめらかな描き心地で、美しい発色を長時間キープ。白目を照らして冴えさせる効果も。アイライナー ウォータープルーフ 3 ¥3300／イヴ・サンローラン・ボーテ

96

OTHER ITEM **BASE:** ラトゥー エクラ ファンデーション プライマー N 30㎖ ¥4000／ポール&ジョーボーテ **CHEEK:** パウダー ブラッシュ PK802 ¥5000／コスメデコルテ **LIP:** ヴィセ アヴァン リップスティック 018 ¥1600（編集部調べ）／コーセー

COLUMN 04

Part 4
こんなファッションに合わせたい！

千吉良恵子の
最愛
コスメ

流行にとらわれないいつの時代も不動のアイテム

ご紹介するのは、仕事でも私的にも愛用しているコスメです。自分で試して撮影用にしたものと、撮影で使って優秀だったので自分用にしたものとありますが、いずれも2方向から絞り込んだ替えの利かない不動のアイテム。アイシャドウやリップは流行に合わせて入れ替えますが、ここにあるコスメはどんなメイクをする時も欠かせない、必ず使うテクニックに必要なもの。私は一回惚れ込むと長いので、今後もお付き合いすること確実です。

My Favorite

Skin Care

スキンケア

多くの肌タイプに触れることに加え、私自身、肌がとても弱いこともあり、公私ともどもどんな肌にも優しく安全性の高いコスメを厳選。撮影で使うものは、メイクをする方々の疲れが少しでも癒やされ、リラックスできるよう使用感や香りの質にもこだわっています。

撮影時のメイクオフはコレ一筋

ビオデルマのクレンジング

発売当時からずっと愛用していて、もう何度リピ買いしたかわからないくらい！ オイルフリーなのでヌルヌル感が残らず、洗顔しなくてもその後のメイクに支障がなく、何カットも撮影をする時に助かっています。その場で目もとや唇などポイントメイクだけ落としてクイックチェンジできるから、ロケでもフル活用。サンシビオ エイチツーオー D 片手プッシュポンプ 500㎖ ¥2940／ナオスジャパン（写真は数量限定のプッシュタイプ。既存品は、通常ボトル）

仕事&自分用に常に2本常備！

G.Mコーポレーションのローション

パーツ以上に人の印象を左右する輪郭のリフトアップに最強なのが、電子水がベースのローション。リンパの詰まりやすい首やフェイスラインにスプレーし、10秒キープ。その後、手のひらで軽くパッティングすると、電子による超微弱電流が肌に浸透。輪郭がキュッと引き締まり、横顔まで見違えるほどすっきり整うんです！ 単品でも十分ですが、撮影の時は「デンキバリブラシ」を併用。リフトアップ効果をMAXに。エレクトロン スキンローション 100㎖ ¥6500

美・ファイン研究所のビューティミスト

希少価値の高いオーガニックのネロリを配合したミストは、まず香りが最高！ ひと吹きで気持ちが変わって気分があがるし、一瞬にして空気がよくなるので、空間にスプレーするのもおすすめ。もちろん、肌に対する効果も抜群。水の粒子がものすごく細かいので浸透力が高く、メイクの上からも確実に肌に入っていくので内側からのしっとり感が得られます。消臭、抗菌効果もあって全身に使えるから、髪やお風呂あがりのケアにも。ビューティスイッチ 60㎖ ¥2130

THREEのフェイスオイル

天然由来成分100％のオイル状の美容液は、主にベースメイク前のマッサージに使用しています。指の刺激を抑え、滑りを促してくれるなめらかなテクスチャーで、マッサージ後の肌に元気と活力が復活。潤いやハリ、弾力、透明感といった、メイク映えする肌に欲しいものを呼び覚ましてくれます。心を解きほぐす精油の香りもたまらなく素敵で、多忙で疲れ果てているモデルさんや女優さんもリラックス。エミング フェイシャル オイルエッセンス 28㎖ ¥13500

Part 4 こんなファッションに合わせたい！

睡眠不足の日の肌の救世主

ランコムの美容液オイル

貴重なローズの抽出エキスを配合している特別感に、女性として気持ちが高まります。睡眠不足の時も、たっぷり眠った日のようにイキイキとした明るい肌にしてくれるので、ハードな撮影が続いた夜のスペシャルケアとして投入。五感に訴えかけるような香りの効果もプラスされ、翌朝は心身ともにエネルギーがアップ。小さめサイズなので旅行にも持参し、飛行機の中など肌をとりまく環境が変わる時に。アプソリュ プレシャスセル ナイト ドロップ 15ml ¥17500

ビオロジック ルシェルシュのクリーム

遺伝子のシステムに着目し開発された、細胞レベルからのアプローチは圧巻。シワやたるみといったエイジングサインが、驚くほど変わるんです！ ふっくらもっちり肌が若返るその驚愕の効果に、撮影時のスキンケアに使った大半の方々が「何を使ったの？」「欲しい！」とおっしゃいます。これほど反応のあるスキンケアは他に見ないほど。かなり高額ですが、それ以上の価値を実感しているので、投資しています。グランデクリーム 50ml ¥104000／BRJAPON

3回リピートしています

ポーラのクリーム

初めて使った時、その劇的な変化に目を見張りました。たるんだ肌がピンとなって、毛穴も「どこ？」と思うほど目立たなく。「見て、見て！」って自慢したくなるくらい（笑）確実に美肌に。実際、まわりの人にも「今日どうしたの？」「肌キレイだね」って褒められて以来、完全にハマりました。最先端のテクノロジーを凝縮しているけど、デリケートな私の肌でもOKな点、彫刻のようなデザインまですべて大満足。V リゾネイティッククリーム 50g ¥58000

クオリティファーストのシートマスク

シートマスクって特別感があるものだけど、コレはリーズナブルな価格なので、化粧水をつけるような感覚で毎日使えるから頼もしい。肌にぴったりフィットする厚手のストレッチシートの使用感も気持ちいいんです。美容液成分がたっぷり含まれていて、10分程度肌につけていてもみずみずしさが残っているので、外した後は首の後ろやデコルテにもなじませたりして、とことん活用。オールインワンシートマスク ザ・ベスト EX BOXタイプ 30枚入り ¥2800

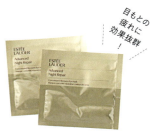

目もとの疲れに効果抜群！

エスティ ローダーのアイマスク

即効性に惚れ込んでいます。10分マスクをつけた後は疲れた目もとに元気が復活。さらに翌朝、ふっくらハリが出て、使ってない時の目もとは雲泥の差！ メイク前に仕込んでおくと、メイクした時の美しさが増し、時間が経過した時の崩れ方もキレイで、長時間の撮影時に大活躍。密封された美容液を乾いたマスクに含ませるタイプなので、常にフレッシュな状態で使えるのも好き。アドバンス ナイト リペア アイ マスク 2枚×4パケット入り ¥4800

ヴェレダのオーガニックUV

生後1ヵ月の赤ちゃんから使える、肌がデリケートな人にも安心の天然由来成分100%。クレンジングをしなくてもソープだけで落とせるうえ、保湿力にも優れているので国内外のロケでも重宝しています。顔にも体にも使えるタイプで、広範囲になじませた時の香り立ちのよさもお気に入り。植物エキスのアロマが、エステを受けている時のようなリラックス気分に誘ってくれます。SPF38/PA++。エーデルワイス UVプロテクト 50ml ¥2300／ヴェレダ・ジャパン

100

COLUMN / 04　Favorite Items : Skin Care & Hair

痩せた!?
と言われる
小顔造形ギア

ラ ロッシュ ポゼの
日焼け止めスプレー

皮膚科医が採用している信頼度の高い低刺激性で、紫外線だけでなく大気中の有害物質からも肌を守ってくれる、肌が弱い私にぴったりの一品。そのうえ、手で触れずにすむスプレータイプなので、敏感肌の刺激になるタッチによる摩擦の心配もなし。均一に広がる微粒子のミストだから、何度でも重ねられ、撮影時にメイクの上から使っても仕上がりに影響がない。どこまでも優秀すぎます。SPF 50/PA++++。UVイデア XL プロテクションミスト 50g ¥2500

イグニスのハンドクリーム

メイクチェンジのタイミングやヘアスタイリングをした後など、一日に何回も手を洗う仕事柄、乾燥が激しくて。すぐに手がシワシワになっちゃうので、保湿力の高いハンドクリームで頻繁にケアをするようにしています。ハニーのようなちょっとスウィートな香りも私好みだし、いくら重ね塗りしてもベタつかないサラッとしたテクスチャーで、仕事中の使用にベスト。撮影の時に塗ったモデルさんたちにも好評です。エクストラ H ハンド クリーム 100g ¥3500

G.Mコーポレーションの
デンキバリブラシ

低周波による瞬時のリフトアップ効果が衝撃的！　とくに、輪郭のすっきり感がハンパなく、首筋のリンパのところを中心に軽くブラシでなでると、みるみる肌が上向きに引き締まって、顔幅がコンパクトに。ブラッシング感覚で頭皮に使えば顔全体をリフトアップできるし、毛根への刺激で育毛効果も期待できる素晴らしさ。肌が濡れてもOKなので、専用コスメを使わなくていいところも便利。撮影で使った方々も、続々購入しています。¥180000

My Favorite

ヘアアイテム

一回の撮影で何度もヘアチェンジをする仕事柄、髪を過剰に固めない使用感であることはマスト。この3品は、髪そのものの動きを固定しすぎず、私のつくるヘアスタイルにぴったりのほどよいツヤ感、エアリー感、束感を出してくれるので、どんな現場でも大活躍します。

このシリーズ、
全部持ってます

スティーブンノルの
ミストとムース

左・ツヤのあるほどよいカールが保てるし、束感なども自然につくれるので、ヘアアイロンで髪を巻く前に必ずつけています。プレミアムスリーク ハイドロリニュー ミスト （さらさらタイプ） 250㎖ ¥1300（編集部調べ）、右・濡れた感じのスタイリングをしたい時に。重さが出ず、次のヘアチェンジが困難になるほどには髪を固めない、そのバランスが理想的。スティーブンノル コレクション スタイリングムース （ソフトウェービー） 200g ¥1500 （編集部調べ）／コーセー

エトヴォスの
スタイリングパウダー

根元からふんわり感が簡単に出せるパウダーは、肌に優しいミネラル成分でできているところもツボ。頭皮のベタつきや余分な皮脂を吸着するのでボリューム感が保てるし、髪を固めない軽いパウダーだから柔らかな手触りがキープできて、仕上がりがナチュラル。何度でも手グシが入れられるので微調整が自在だし、ドライシャンプーとしても使えるので、撮影でスタイリング剤をリセットしたい時も頼れて万能！　ミネラルスタイリングパウダー 6g ¥2500

Part 4 こんなファッションに合わせたい！

Base Make-up
ベースメイク
My Favorite

メイクの中でいちばん楽しく、いちばん力を入れているのがベースメイク。なぜなら、目もとや唇といったパーツづくりの方向性は肌で決まるから。それだけに製品選びは慎重に。使い方次第で肌印象を自在に操れるものを吟味しています。

1 ジバンシイのハイライター

生命力にプラス、華やかさが生まれるパール入りのハイライターは、頬骨の角にのせるハイライトとして愛用。ファンデの前にも仕込めて、メイク後につけてもヨレないテクスチャーがGOOD。スポイトの先が筆になっているので、直塗りしやすく機能的。タン・クチュール・ラディアント・ドロップ 右・02 ゴールドはヘルシーな印象づくりに。左・01 定番の青みの強いピンク。15㎖ 各¥6300／パルファム ジバンシイ

2 SUQQUの下地

なんとなく冴えない顔色に、明るさと透明感を生む青みのあるピンク。オークルが強めの肌には、チークを塗る範囲よりふた回りくらい広めに。目もとまわりを含む全体のくすみを払拭したい時は、眉下から小鼻脇までのゴーグルゾーンになじませるのが基本。人工感の出ないノンパールタイプで、肌を透かせながらトーンアップするので、素肌がキレイなように仕上がります。SPF12/PA＋＋。ブルーミング グロウ プライマー 25㎖ ¥6000

3 ビーグレンのUV下地

多くのモデルさんがファンになる、繊細なパール感による美しいツヤと、毛穴をならす効果は絶品！ くすみや色ムラを飛ばす光コントロール効果もあって、ファンデーションなしでも余裕で外出できるほど、肌がキレイに。UVカット効果もあるので、私自身のベースメイクは、いつもコレだけ。皮脂や汗によるテカリも防止するので、美しい仕上がりが長時間キープできるのもありがたい。SPF36/PA＋＋。ヌーディーヴェール 20g ¥4700

4 クレ・ド・ポー ボーテの クリームファンデ

スキンケアクリームに色がついたっていうくらい、肌へのトリートメント効果が秀逸。カバー力はあるけど薄膜でなじみ、重ね塗りしても厚くならないテクスチャーも格別で、気になるところのある大人の肌が上質リッチに変わります。また、若い世代の肌に塗ると飛び抜けて美肌に見えて、いい意味でレタッチしたような完璧な肌がつくれる、世代を超えて使える名品。SPF20/PA＋＋。ル・フォンドゥタン 30g ¥30000／資生堂インターナショナル

ベースメイク 私はコレだけ

COLUMN / 04　Favorite Items : **Base Make-up**

⑤ エレガンスの
リキッドファンデ

まるで自分の肌が美しいかのように見せる、潤いをたたえた湿度のある仕上がりを溺愛しています。ほどよいカバー力がありながらもナチュラルさは失われないバランスのよさで、どんなシチュエーションのメイクにも映える肌がつくれるから撮影で大活躍。数え切れないほどリピートしていますし、なくなると困るので、常に最低１個はストックしています。SPF23/PA＋＋。スティーミング スキン 30 ㎖ ￥6000／エレガンス コスメティックス

⑥ YSLのスティックファンデ

「化粧品を新しくする場合、何をいちばんに買ったらいいですか」と聞かれた時、迷わず「ファンデーション」と答えています。それほど時代性を反映する新作の中で、今年私が心を奪われたのが、ソフトマット質感のスティック。肌の上でふわっとしたパウダー状に変化し、ごく軽く厚塗り感なく見事に難点が目立たなく。メイクが映える肌が完成します。アンクル ド ポー オール アワーズ スティック 9g ￥6500／イヴ・サンローラン・ボーテ

微細なパール効果で、肌に立体感も！

⑦ ランコムのコンシーラー

クリーミィでのびのいいテクスチャーは、広範囲のトラブルカバーにうってつけ。私はファンデーションのように使うのも好き。肌にのばして、スポンジでパッティングするようになじませると、すごくキレイになるんです。頬まわりにトラブルが集中している人はチークを塗る位置の下にコレを仕込んでおくと、仕上がりのクオリティが向上。全4色すべて揃えて、肌色で使い分けています。タン イドル ウルトラ ウェア コンシーラー ￥4200

⑧ NARSのコンシーラー

使用感がパーフェクト。軽い感触で肌表面にフラットに密着するので、厚みが出にくく悪目立ちしないし、小ジワやキメに入り込むこともない。色で隠すというより、光を拡散して難点をソフトフォーカスする使用感なので、ごく自然にトラブルカバーできるんです。さらに、配合のヒアルロン酸による保湿効果で、乾燥崩れやメイク浮きも防げて、文句なし！こちらも全8色を常備。ソフトマットコンプリートコンシーラー ￥3400／NARS JAPAN

103

My Favorite

Make-up

Part 4 こんなファッションに合わせたい！

無限にリピートしています

セブンフローのリップクリーム

唇の荒れや乾燥をケアするオーガニックのハーブエキス入りリップクリームは、素の唇がキレイに見える、ほどよいツヤ感も高ポイント。リップメイクの下地としてもベストな質感で、唇にピタッと留まるので重ねるリップに影響がなく、スキンケア時に塗っておくと、たっぷり潤いが補給されたリップノリのいい唇に。ラベンダーが効いたシトラスハーブの香りも爽やかで、気分がリフレッシュ＆リラックスします。ハーバルリップ 8g ¥2800／美・ファイン研究所

ヴィセ リシェのリップ＆チーク

私のベースメイクにマストの"仕込みチーク"の必需品。混ぜ合わせるファンデーションのテクスチャーを変えることなく調和し、わざとらしさを出さずに生肌と化すパールレスな質感は唯一無二。替えが利きません！ チークをちょっと立たせたい時は、ファンデーションを少なめにしてピュアな血色感をつくるRD-1を。PK-1は、ほんのり女らしさを足したい時に。リップ＆チーククリーム N 上・RD-1、下・PK-4 各¥1000（編集部調べ）／コーセー（11/16発売）

エテュセの眉マスカラ

濃すぎず緩すぎないマスカラ液の質が絶妙。確実に眉を染めてくれるので、発色させるのが難しい真っ黒な眉や剛毛な毛質に塗っても、ちゃんと出したい色のニュアンスが生まれるんです。色出しのセンスもよく、この3色があれば大抵の人に適応。ヘアカラーをしている人は、眉の色を染めるとメイク映えがあがるので、髪に合った色でカラーリングしてみて。カラーリングアイブローNa 右・レッドブラウン、中央・ブラウン、左・イエローブラウン 各¥1500

104

メイクアップ

メイクアップは流行に左右されるものだけど、アイシャドウやリップは替えてもコレだけは替えない、メイクボックスの不動のレギュラー。リニューアルをしても使い続ける、なくてはならない私の永久定番品！

COLUMN / 84 Favorite Items : Make-up

このシリーズを歴代使ってます

エレガンスのマスカラ下地

15年前からマスカラベースはエレガンス。今もこれしか使っていません！ 塗った後に白く残ることがなく、みずみずしくまつ毛になじむからムラづきもなし。根元からしなやかなカールをつくりながらまつ毛がキレイにセパレート。長く太くふさふさとした仕上がりを見事にサポートしてくれるんです。どんなマスカラとも相性がよく、ウォータープルーフタイプなのでメイク持ちもあがります。カールラッシュ フィクサー ¥3000／エレガンス コスメティックス

パナソニックのまつ毛カーラー

右・クリップでまつ毛を挟んでカールアップするコテ型ヒーターは、つけまつ毛と地まつ毛を一体化させることもできる便利モノ。裏面はコーム型ヒーターなので、細部やマスカラの仕上げにも使えてマルチ。まつげくるん つけまつげ用 EH-SE70-P（ピンク）、左・360度回転するスリムならせん状コームは、目の形やまつ毛の長さにかかわらず根元から美しいカールが。まつげくるん 回転コーム EH-SE60-PN（ピンクゴールド）ともにオープン価格

ukaのネイルベース

重ねて塗るとネイルになるベースコートは、美容液成分入りで塗っている間にケアできるのが魅力。色バリエも本当に可愛くて、ピュアで清潔感のある手もとにしたいスキンケア企画の撮影は、ほとんどこの2色のどちらかを使っています。「2／0」は、ポッと血色感を添えてくれる"爪のチーク"。手もとが若々しく。グレイッシュな「6／0」は、3回重ねて大人仕様のスモーキーピンク系にするのが好き。uka color base coat zero 右・6／0、左・2／0 各¥2000

おわりに

ヘアメイクアップアーティストとしてデビュー以来、
多くのメディアでメイク提案をさせていただいています。
そのつど、テーマも変わりますし、求められる女性像も
もちろん異なります。ターゲットとする世代も
さまざまですが、私の中では常に共通点があります。
どんなメイクにも、それを実践してくれた人に
「ハッピーになってほしい」「ポジティブな気持ちに
なってもらいたい」という思いを込めていることです。

メイクには、落ち込んでいた自分や
後ろ向きな自分が前向きになれるよう後押ししてくれる
不思議な力があります。たとえば、ネイルを
塗っただけで手もとの所作が変わるように、
リップひとつで笑った時の口もとの表情が変わり、
塗る前より、ずっと可愛いその唇に元気をもらったり。
いつもよりキレイに見える肌に自信が湧いてきたり。
メイクを味方につければ、もっと素敵になれて、
もっともっと魅力的な自分と巡り合えるわけです。

異性や女友達、あるいは上司に対して。その時々で
アピールしたい相手のためにメイクをするのは
とても素敵なこと。だけど、どんな時でも
まずは自分がメイクを楽しんでください。
楽しんでいる人を見ていると、無条件にこちらまで
ウキウキするように、楽しんでつくったメイクは
まわりの人たちをハッピーにする。
それがまた自分に戻ってきて、幸せの連鎖を
紡ぎ出すことができる。これまでの経験から
私はそう確信しています。

ヘアメイク人生も、今年30年目を迎えました。
この記念すべきタイミングで、講談社VOCE編集部の
ご協力のもと、豪華なモデル写真を掲載した
書籍を出版できたことに、感謝してもしきれません。
私の中では作品集のような気持ち。
これまでの集大成です。1年後も2年後も、5年後も、
バイブルのようにずっとそばに置いておいてもらえたら、
写真集のように何度も見て、何度でも堪能して
もらえたら、これほど喜ばしいことはありません。

メイクは鏡を見てするもの。いちばん初めに完成した
顔を見るのは自分です。毎日のその瞬間、
「メイクは楽しい！」。
この本を手に取ってくださったすべての人に
そう感じていただけたら、最高に幸せです。

2018年11月1日　千吉良 恵子

staff

page 2、4	撮影／菊地泰久（vale.）	
page 6	撮影／岩谷優一（vale.）	モデル／森絵梨佳
page 8	撮影／菊地泰久（vale.）	モデル／泉里香
page 12-13	撮影／菊地泰久（vale.）	モデル／森絵梨佳
page 14-15	撮影／菊地泰久（vale.）	モデル／林田岬優
page 16-17	撮影／菊地泰久（vale.）	モデル／泉里香
page 18-19	撮影／菊地泰久（vale.）	モデル／野崎萌香
page 20-25	撮影／菊地泰久（vale.）	モデル／林田岬優
page 26-31	撮影／菊地泰久（vale.）	モデル／スミス楓
page 34-35	撮影／三宮幹史	モデル／森絵梨佳
page 36-37	撮影／岩谷優一（vale.）	モデル／森絵梨佳
page 38-39	撮影／寺田茉布（LOVABLE）	モデル／琉花
page 40-41	撮影／三宮幹史	モデル／スミス楓
page 42-43	撮影／三宮幹史	モデル／比留川游
page 44-45	撮影／神戸健太郎	モデル／泉里香
page 46-53	撮影／菊地泰久（vale.）	モデル／スミス楓
page 56-57	撮影／菊地泰久（vale.）	モデル／林田岬優
page 58-59	撮影／寺田茉布（LOVABLE）	モデル／林田岬優
page 60-61	撮影／天日恵美子	モデル／スミス楓
page 62-63	撮影／菊地泰久（vale.）	モデル／森絵梨佳
page 64-65	撮影／菊地泰久（vale.）	モデル／藤野有理
page 66-67	撮影／岩谷優一（vale.）	モデル／森絵梨佳
page 68-69	撮影／三宮幹史	モデル／スミス楓
page 70-71	撮影／菊地泰久（vale.）	モデル／藤野有理
page 72-73	撮影／菊地泰久（vale.）	モデル／森絵梨佳
page 74-75	撮影／押尾健太郎	モデル／内田理央
page 76-77	撮影／菊地泰久（vale.）	モデル／藤野有理
page 78-79	撮影／神戸健太郎	モデル／泉里香
page 80-85	撮影／菊地泰久（vale.）	モデル／林田岬優
page 88-89	撮影／菊地泰久（vale.）	モデル／森絵梨佳
page 90-91	撮影／菊地泰久（vale.）	モデル／スミス楓
page 92-93	撮影／天日恵美子	モデル／林田岬優
page 94-95	撮影／菊地泰久（vale.）	モデル／森絵梨佳
page 96-97	撮影／菊地泰久（vale.）	モデル／森絵梨佳

fashion information

カレンソロジー青山 （マイアミ、カレンソロジー）	03-6419-7899
カオス表参道 （インディビジュアライズド シャツ）	03-6432-9277
バンプロ （スーパーサンクス）	03-6455-4131
ススプレス （オーマスヘンデ）	03-6821-7739
アガット	0800-300-3314
マリハ	03-6459-2829
オプティカルテーラークレイドル青山店 （CUTLER AND GROSS）	03-6418-0577
GYDA	03-6408-1079
サンポークリエイト （アネモネ）	082-243-4070
オットダム銀座店 （オットダム）	03-6264-5432
ストックマン （ヨーロピアン カルチャー）	03-3796-6851
カシケイ （カシケイブラウンダイヤモンド）	0120-278-857
セント ジェームス代官山店	03-3464-7123
ノジェス	0800-300-3315
プリマクレール・アタッシュプレス （アナザーインポータントカルチャー、アナブノエ）	03-3770-1733

衣装協力

マイアミ（カレンソロジー青山）
カレンソロジー（カレンソロジー青山）
インディビジュアライズド シャツ（カオス表参道）
スーパーサンクス（バンプロ）
オーマスヘンデ（ススプレス）
アガット
マリハ
CUTLER AND GROSS（オプティカルテーラークレイドル青山店）
GYDA
アネモネ（サンポークリエイト）
オットダム（オットダム銀座店）
ヨーロピアン カルチャー（ストックマン）
カシケイブラウンダイヤモンド（カシケイ）
セント ジェームス代官山店
ノジェス
アナザーインポータントカルチャー（プリマクレール・アタッシュプレス）
アナブノエ（プリマクレール・アタッシュプレス）

beauty information

【ア】	RMK Division	0120-98-8271
	アディクション ビューティ	0120-58-6683
	イヴ・サンローラン・ボーテ	03-6911-8563
	イグニス	0120-66-4227
	ヴェレダ・ジャパン	0120-07-0601
	ウカ	03-5778-9074
	エスティ ローダー	03-5251-3386
	エチュードお客様センター	0120-96-4968
	エテュセ	0120-07-4316
	エトヴォス	0120-04-7780
	エレガンス コスメティックス	0120-76-6995
【カ】	カネボウインターナショナルDiv.	0120-51-8520
	カネボウ化粧品	0120-51-8520
	クオリティファースト	03-6717-6449
	クリニーク ラボラトリーズ	03-5251-3541
	ゲランお客様窓口	0120-14-0677
	コーセー	0120-52-6311
	コスメデコルテ	0120-76-3325
【サ】	G.M コーポレーション	06-6375-7170
	資生堂／資生堂インターナショナル お客様窓口	0120-81-4710
	シャネル カスタマーケア	0120-52-5519
	シュウ ウエムラ	03-6911-8560
	ジルスチュアート　ビューティ	0120-87-8652
	SUQQU	0120-98-8761
	THREE	0120-89-8003
	セザンヌ化粧品	0120-55-8515
	セルヴォーク	03-3261-2892

【ナ】	NARS JAPAN	0120-35-6686
	ナオスジャパン ビオデルマ事業部	0120-07-4464

【ハ】	パナソニック理美容・健康商品ご相談窓口	0120-87-8697
	パルファム ジバンシイ (LVMHフレグランスブランズ)	03-3264-3941
	パルファン・クリスチャン・ディオール	03-3239-0618
	BRJAPON	06-6227-8086
	ビーグレン	0120-32-9414
	美・ファイン研究所	0120-39-3903
	ヘレナ ルビンスタイン	03-6911-8287
	ポーラお客様相談室	0120-11-7111
	ポール＆ジョー ボーテ	0120-76-6996
	ボビイ ブラウン	03-5251-3540

【マ】	M・A・C (メイクアップ アート コスメティックス)	03-5251-3541
	メイベリン ニューヨーク お客様相談室	03-6911-8585

【ラ】	ラ ロッシュ ポゼ お客様相談室	03-6911-8572
	ランコム	03-6911-8151
	リンメル	0120-87-8653
	レ・メルヴェイユーズ ラデュレ	0120-81-8727
	ローラ メルシエ ジャパン	0120-34-3432
	ロレアル パリ	0570-783053

著者略歴

千吉良 恵子（ちぎら・けいこ）

ヘアメイクアップアーティスト。cheek one主宰。
藤原美智子率いるLA DONNAに20年所属したのち、2012年にcheek oneを設立。数多くの雑誌、広告撮影、講演や化粧品関連のアドバイザーなど、幅広く活躍。外見だけでなく、その人の内面的な魅力を引き出し美しく見せるメイクに、女優やモデルからの指名が絶えない。また、どんなメイクにも「ハッピー感」があふれ、それを叶えるチークメイクに特に定評がある。雑誌で提案したメイクは、読者の投票で常に上位に入るほどの人気。
著書に『千吉良恵子の効くメイク』（アスコム）、『千吉良恵子の可能力メイク』（ワニブックス）、『絶対キレイになるメイク Making Happy』（成美堂出版）、監修書に『千吉良恵子×MAQUIA 大人のためのブラシメイクBOOK』（集英社）などがある。

スタイリスト／後藤仁子（p12-13、p27-31、p47、p49、p51、p53、p88-91、p94-97）
静物撮影／伊藤泰寛（本社写真部） 動画撮影・編集／林 桂多（本社写真部） デザイン／小林昌子
編集協力／橋本日登美　Special Thanks／中沢 聡　桐生 実

● この書籍は、『VOCE』2015年4月号〜2018年10月号までの記事を再編集し、新規撮影分を加えて製作いたしました。
● 『VOCE』掲載時に限定品だった商品については、類似色に差し替えてご紹介しています。
● 商品の価格はすべて税別表示、2018年10月現在のものです。
● QRコードを読み取ってアクセスすると動画が見られます。動画はＷＥＢ上の限定公開です。
　なお、動画の提供は予告なく終了することがございます。あらかじめご了承ください。刊行より2年ほどの予定です。
※ QRコードは株式会社デンソーウェーブの登録商標です。

講談社の実用BOOK

メイクのヒント 毎日可愛くなれる
まいにちかわいい

2018年11月1日　第1刷発行

著者　**千吉良恵子**
　　　ちぎらけいこ
　　　©Keiko Chigira 2018, Printed in Japan

発行者　渡瀬昌彦
発行所　株式会社 講談社
　　　　〒112-8001　東京都文京区音羽2-12-21
　　　　電話　編集 ☎03-5395-3529
　　　　　　　販売 ☎03-5395-4415
　　　　　　　業務 ☎03-5395-3615

印刷所　大日本印刷株式会社
製本所　大口製本印刷株式会社

落丁本・乱丁本は購入書店名を明記のうえ、小社業務あてにお送りください。
送料小社負担にてお取り替えいたします。
なお、この本についてのお問い合わせは、生活文化あてにお願いいたします。
本書のコピー、スキャン、デジタル化等の無断複製は
著作権法上での例外を除き禁じられています。
本書を代行業者等の第三者に依頼してスキャンやデジタル化することは、
たとえ個人や家庭内の利用でも著作権法違反です。
定価はカバーに表示してあります。

ISBN978-4-06-513376-7